Surendra Verma

IDEIAS GENIAIS

Os principais teoremas, teorias, leis e princípios científicos de todos os tempos

TRADUÇÃO
Carlos Irineu da Costa

2ª edição
2ª reimpressão

GUTENBERG

Copyright do texto original © 2005 Surendra Verma
Copyright © 2005 New Holland Publishers (Australia) Pty Ltd
Copyright da tradução © 2011 Editora Gutenberg

Título original: *The Little Book of Scientific Principles, Theories & Things*

Todos os direitos reservados pela Editora Gutenberg. Nenhuma parte desta publicação poderá ser reproduzida, seja por meios mecânicos, eletrônicos, seja via cópia xerográfica, sem a autorização prévia da Editora.

REVISÃO TÉCNICA
Regina Pinto de Carvalho

REVISÃO
Lira Córdova

PROJETO GRÁFICO DE CAPA
Diogo Droschi

PROJETO GRÁFICO DE MIOLO E DIAGRAMAÇÃO
Conrado Esteves

Dados Internacionais de Catalogação na Publicação (CIP)
(Câmara Brasileira do Livro, SP, Brasil)

Verma, Surendra
  Ideias geniais : os principais teoremas, teorias, leis e princípios científicos de todos os tempos / Surendra Verma; [tradução Carlos Irineu da Costa] . – 2. ed. – 2. reimp. – Belo Horizonte: Editora Gutenberg, 2014.

  Título original: The Little Book of Scientific Principles, Theories & Things.
  ISBN 978-85-89239-45-5

  1. Ciência - História - Obras de divulgação 2. Ciência - Obras de divulgação 3. Cientistas - Obras de divulgação 4. Almanaque I. Título.

11-04923   CDD-500

Índice para catálogo sistemático:
1. Ciência : Princípios e teorias 500

A **GUTENBERG** É UMA EDITORA DO **GRUPO AUTÊNTICA**

São Paulo
Av. Paulista, 2073, Conjunto Nacional, Horsa I,
23º andar, Conj. 2.301
Cerqueira César . São Paulo . SP . 01311-940
Tel.: (55 11) 3034-4468

Belo Horizonte
Rua Aimorés, 981, 8º andar . Funcionários
30140-071 . Belo Horizonte . MG
Tel.: (55 31) 3214-5700

Televendas: 0800 283 13 22
www.editoragutenberg.com.br

Como usar este livro

Este livro apresenta mais de 170 leis, princípios, teorias, hipóteses, regras, postulados, teoremas, experimentos, modelos, sistemas, paradoxos, equações, constantes e outras ideias que formam os fundamentos da Ciência. (O significado dos termos "lei", "princípio", etc. são explicados no apêndice "O Método Científico", na página 205.)

As entradas estão organizadas em ordem cronológica. Usamos o nome popular da ideia e, na maioria das vezes, isso inclui o nome da pessoa que a formulou, por exemplo, "O Princípio de Arquimedes".

Você pode ler o livro em ordem ou abri-lo ao acaso. Cada entrada é completa em si mesma, mas há referências a outros tópicos quando pertinente. O diagrama na página seguinte explica a ordem em que as informações de cada entrada são apresentadas.

Um índice abrangente irá ajudá-lo a encontrar as ideias contidas neste livro. As principais estão em negrito no índice, assim como alguns termos ou ideias adicionais.

O(s) nome(s) do(s) cientista(s), com o ano de nascimento e ano de morte (quando pertinente) entre parênteses.

O nome popular da ideia científica.

O ano da descoberta e o país em que foi feita (se não for o país de nascimento de quem fez a descoberta, isso será mencionado no texto).

O resumo da ideia.

Explicação da ideia ou sua representação matemática e, quando relevante, sua importância.

Informações úteis e interessantes sobre a ideia, os cientistas, o impacto e/ou as aplicações da ideia.

O Universo Geocêntrico de Ptolomeu
Ptolomeu (c. 100-170)

c. 150
Alexandria, Egito

A Terra está no centro de todo o cosmos.

Essa crença errônea dominou a astronomia durante 14 séculos.

"A Terra não gira, caso contrário objetos seriam jogados para fora de sua superfície tal como a lama de uma roda girando. Ela permanece no centro das coisas porque este é o seu lugar natural – não tem tendência de ir a qualquer outro. Em torno dela e em esferas sucessivamente maiores giram Lua, Mercúrio, Vênus, Sol, Marte, Júpiter e Saturno, todos eles derivando seu movimento das imensas e distantes esferas que são as estrelas fixas", escreveu Ptolomeu em seu livro *O almagesto*, em que sintetizou o trabalho de seus antecessores.

A importância e a influência de *O almagesto* só podem ser comparadas com *Os elementos*, de Euclides (p. 11). A maior parte de *O almagesto* (árabe para "o maior") lida com a matemática do movimento planetário. Ptolomeu explicou as andanças dos planetas usando um complicado sistema de ciclos e epiciclos que perturbou os astrônomos durante séculos. No século 13, Alfonso, o Sábio, rei espanhol de Castela e um grande patrono da astronomia comentou: "Se o Senhor Todo-Poderoso houvesse me consultado antes de iniciar sua Criação, eu teria recomendado algo mais simples". A Teoria de Ptolomeu foi contestada por Copérnico (p. 20) e demolida por Kepler (p. 24). Ptolomeu apoiava o ponto de vista de Eratóstenes de que a Terra é esférica (p. 16), o que incentivou Colombo em suas viagens de descobrimento.

O Teorema de Pitágoras

Pitágoras (c. 580-c. 500 a.C.)

Século 6 a.C.

Grécia

Em um triângulo reto, o quadrado da hipotenusa é a soma dos quadrados dos catetos.

O teorema também pode ser escrito como uma lei geral: $a^2 + b^2 = c^2$, onde c é o comprimento da hipotenusa (o lado oposto ao ângulo reto de um triângulo reto), enquanto a e b são os comprimentos dos outros dois lados. O Teorema de Pitágoras é um ponto de partida para a trigonometria, que possui muitas aplicações práticas, tais como calcular a altura de montanhas e medir distâncias.

Conta a lenda que Pitágoras estava andando no chão quadriculado de um templo no Egito. O piso tinha quadrados de cores alternadas. A sombra dos pilares caía obliquamente sobre os quadrados. As sombras e quadrados sugeriam diferentes padrões geométricos. Seu interesse pela geometria levou-o a estudar esses padrões a partir de ângulos diferentes e, em seguida, à descoberta da prova do teorema.

Pitágoras foi a primeira pessoa conhecida a dar seu nome ao teorema, mas não necessariamente o primeiro a provar a relação entre os lados de um triângulo retângulo. Nem foi quem primeiro o descobriu – já era conhecido pelos babilônios quase mil anos antes de seu tempo. Pitágoras também foi o primeiro a descobrir que a Terra era uma esfera, descoberta confirmada por Eratóstenes (p. 16).

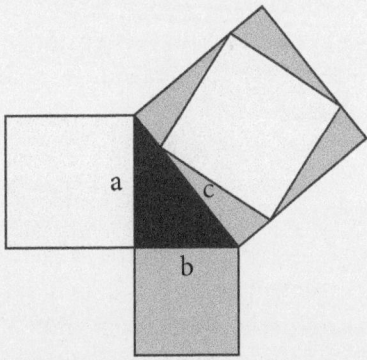

O quadrado da hipotenusa do triângulo reto preto é igual à soma dos quadrados dos outros dois lados. (Os quadrados brancos são do mesmo tamanho, as quatro peças sombreadas compõem o quadrado sombreado.)

Século 5 a.C.

Grécia

Os Paradoxos de Zenão

Zenão (c. 495-c. 430 a.C.)

O movimento é uma ilusão.

Zenão elaborou quatro paradoxos e todos pareciam provar a impossibilidade do movimento.

O mais famoso dos paradoxos de Zenão é o de Aquiles e a tartaruga: o corredor mais rápido nunca pode ultrapassar o mais lento, desde que o mais lento saia na frente. Suponha que Aquiles – herói da guerra de Troia, que tinha a reputação de ser o mais rápido dos corredores – possa correr dez vezes mais rápido que uma tartaruga, mas que a tartaruga saia 100 m na frente. Quando Aquiles tiver corrido 100 m, a tartaruga terá se arrastado mais 10 m e, portanto, estará 10 m na frente, e assim por diante. Matematicamente, tudo o que Aquiles pode fazer é continuar se aproximando da tartaruga, mas nunca conseguirá ultrapassá-la.

Os Paradoxos de Zenão eram baseados no pressuposto falso de que espaço e tempo podem ser infinitamente divididos. Ou seja, que a soma de um número infinito de números seja sempre infinita. Apesar de serem baseados em falácias, os paradoxos permaneceram sem solução durante dois mil anos. No século 17 d.C., o matemático escocês James Gregory demonstrou que um número infinito de números pode ser somado, resultando em um número finito. Uma série desse tipo de números é dita convergente e ocorre sempre que a diferença entre cada número e aquele que o segue torna-se menor ao longo da sequência. A corrida de Aquiles contra a tartaruga não é feita de inúmeras pequenas distâncias, ela é contínua até o fim. Claro que Aquiles ganhará a corrida, contanto que ela tenha mais do que $111 \, {}^1/_9$ metros.

A Teoria Atômica de Demócrito

Demócrito (c. 460-c. 370 a.C.)

Século 5 a.C.

Grécia

A matéria é feita de espaço vazio e de um número infinito de minúsculas partículas invisíveis chamadas átomos.

A Teoria Atômica de Demócrito provavelmente estava baseada em ideias anteriores de outros filósofos gregos. Era a primeira tentativa científica de explicar a natureza da matéria. Contudo, atualmente provou-se que muitos dos pressupostos de Demócrito estão errados.

Demócrito, possivelmente o mais importante dos antigos filósofos gregos da natureza, também sugeriu que os átomos não poderiam ser divididos indefinidamente em partes menores e que era impossível criar matéria nova. Disse que os átomos estavam sempre em movimento e que, enquanto se moviam, colidiam com outros átomos: algumas vezes se entrelaçavam e permaneciam juntos, outras ricocheteavam devido às colisões. O poeta romano Lucrécio (c. 99- c. 55 a.C.) imaginou os átomos de Demócrito com ganchos que os uniam.

Sabe-se muito pouco sobre a vida de Demócrito, mas conhecemos tudo a respeito de sua teoria atômica por conta do livro do biógrafo grego Diógenes Laércio, datando do século 2 d.C., intitulado *Vidas e doutrinas dos filósofos ilustres*. Laércio lista 73 livros escritos por Demócrito, dos quais apenas fragmentos chegaram até nós. Acredita-se que Demócrito tenha dito: "Prefiro descobrir um fato científico que me tornar rei da Pérsia".

O grande filósofo grego Aristóteles (384-322 a.C.) rejeitou a ideia dos átomos de Demócrito e dizia que a matéria era completamente uniforme e contínua. A influência de Aristóteles era extraordinária. Seu conceito de matéria estava errado, mas foi aceito durante quase 20 séculos até ser substituído pela Teoria Atômica de Dalton (p. 67), em 1808.

O Corpus de Hipócrates

Século 5 a.C.

Grécia

Hipócrates (c. 460-c. 377 a.C.)

Cerca de 60 escritos sobre medicina chegaram até nós, o conjunto sendo conhecido como *O Corpus de Hipócrates*.

O *Corpus* é o mais antigo texto científico do Ocidente. Lançou as bases da tradição médica ocidental. Apesar de seus remédios serem hoje considerados "imaginativos", o *Corpus* usa a linguagem da ciência e não menciona feitiços, demônios ou deuses.

Hipócrates (conhecido como Buqrat pelos muçulmanos) é hoje lembrado como o pai da Medicina, mas pouco se sabe a respeito dele. Foi contemporâneo de Sócrates e viveu na ilha de Cos. Celsus, um enciclopedista médico do primeiro século d.C., descreve-o como *primus ex omnibus memoria dignis* (o primeiro de todos os que são dignos de serem lembrados).

A medicina hipocrática baseava-se no equilíbrio de quatro elementos – água (frio e umidade), o ar (umidade e calor), fogo (calor e secura) e terra (frio e secura) – e quatro humores (fluidos): a fleuma, o sangue, a bile e a bile negra. Uma doença era sinal de desequilíbrio entre os elementos. Se, por exemplo, a doença consistia de um excesso de frio e umidade, então a tarefa do médico era a de reestabelecer o equilíbrio. Os médicos não praticam mais a medicina hipocrática, porém seu nome sobrevive no juramento de Hipócrates que os estudantes de Medicina fazem, em muitas escolas médicas, ao se formarem. Hipócrates exigia que seus alunos prestassem um juramento afirmando que praticariam a Medicina de acordo com determinadas normas éticas.

Os Postulados de Euclides
Euclides (c. 325-c. 265 a.C.)

Século 4 a.C.

Alexandria, Egito

(1) Uma linha reta sempre pode ser traçada entre dois pontos. (2) Uma linha reta pode ser prolongada indefinidamente em ambas as direções. (3) Um círculo pode ser traçado com qualquer centro e raio. (4) Todos os ângulos retos são iguais. (5) Se duas linhas são traçadas e cruzam uma terceira de tal forma que a soma dos ângulos internos de um lado é menor que dois ângulos retos, então as duas linhas eventualmente irão se encontrar (de outra forma: duas linhas paralelas nunca se encontram).

Esses cinco postulados formam a base da geometria euclidiana. Muitos matemáticos não consideram o quinto postulado (ou postulado das paralelas) como um verdadeiro postulado, mas sim como um teorema que pode ser derivado dos quatro primeiros postulados. Alguns aspectos da geometria euclidiana continuam a ser ensinados nas escolas.

Os elementos, de Euclides, é um dos livros mais lidos de todos os tempos. Foi o livro-texto-padrão da geometria até outros tipos de geometrias, tais como a geometria de coordenadas cartesianas, serem descobertas no século 17.

Nada se sabe sobre a vida de Euclides. Estudou em Atenas e, em seguida, trabalhou em Alexandria durante o reinado de Ptolomeu I. Há duas conhecidas anedotas associadas a ele. Uma vez Ptolomeu perguntou a Euclides se havia uma maneira mais fácil de aprender geometria do que estudar todos os teoremas. Euclides respondeu: "Não há um atalho para a geometria". De acordo com outra anedota, um de seus alunos se queixou – como muitas vezes fazem os alunos – de que aprender geometria era inútil, pois não tinha valor prático. Euclides ordenou a um escravo que desse uma moeda ao estudante a fim de que ele tivesse lucro estudando geometria.

Os elementos começa com 23 definições (tais como ponto, linha, círculo e ângulo reto), cinco postulados e cinco "noções comuns". A partir dessas bases, Euclides provou 465 teoremas.

Um postulado (ou axioma) afirma que algo é verdadeiro ou é a base para um argumento. Um teorema é uma proposição comprovada, ou seja, uma declaração com restrições lógicas. As noções comuns de Euclides não são sobre a geometria, são afirmações elegantes de lógica:

1. Duas coisas que sejam iguais a uma terceira também são iguais entre si.
2. Se dois iguais são somados a iguais, o resultado será o mesmo.
3. Se dois iguais forem subtraídos a iguais, o resto será o mesmo.
4. Coisas que coincidem umas com as outras são iguais umas às outras.
5. O todo é sempre maior que a parte.

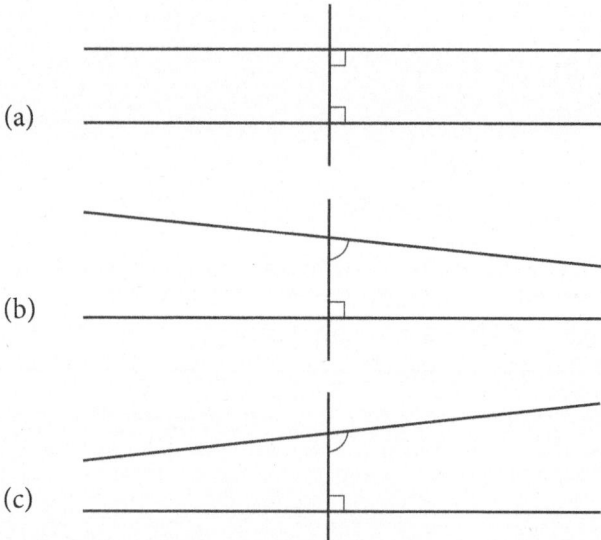

O postulado das paralelas, de Euclides: linhas paralelas nunca se encontram (a), mas, se a soma dos ângulos internos for menor que dois ângulos retos em um dos lados, então as linhas acabarão por se cruzar (b e c).

O Princípio de Arquimedes
Arquimedes (c. 287-212 a.C.)

Um corpo totalmente imerso em um fluido (líquido ou gás) experimenta uma perda aparente de peso igual ao peso do fluido que esse corpo desloca.

Século 3 a.C.

Siracusa (uma cidade-estado grega, na Sicília)

Hierão, rei tirano de Siracusa, na ilha onde hoje é a Sicília, propôs um desafio ao grande matemático Arquimedes. Ele conseguiria confirmar a suspeita do rei de que a nova coroa feita por seu ourives não era de ouro puro, mas sim de uma liga de ouro com prata, que seria mais barata e mais leve?

Diz a História que Arquimedes analisou o problema numa banheira. Observou duas coisas. A primeira foi que a água subiu quando ele entrou na banheira, pois seu corpo tinha tomado o lugar de parte da água. A segunda foi que ele se sentia mais leve conforme o corpo afundava na água. Sua mente brilhante conectou as duas observações. Ele se sentia mais leve porque seu corpo deslocava água: quanto mais água ele deslocava, mais leve se sentia.

Conseguiu a resposta que Hierão desejava. Comparada com uma massa igual de ouro puro, a coroa ocuparia mais espaço se contivesse prata, uma vez que a prata era menos densa. Embora o ouro puro e uma coroa de liga de ouro e prata pesassem o mesmo no ar, a coroa falsa iria pesar perceptivelmente menos que outra de ouro na água, já que, como deslocaria mais água, sua perda de peso seria maior. Só se a coroa fosse feita de ouro puro, ela e o ouro pesariam o mesmo dentro da água.

Segundo a lenda, o grande homem, entusiasmado com sua descoberta, saltou de sua banheira e correu nu pelas ruas, gritando "Eureca!" ("Eu encontrei!"). Testes provaram que o ouro realmente fora adulterado.

O Princípio de Arquimedes explica por que as coisas flutuam. Se um objeto é menos denso que o fluido que rodeia (isto é, se pesa menos do que um volume igual de fluido), ele irá flutuar, já que a perda aparente de peso será maior do que seu peso no ar. Se for mais denso que o fluido, a perda aparente de peso será menor do que seu peso no ar, e ele irá afundar.

Pi (π)

Arquimedes (c. 287-212 a.C.)

Século 3 a.C.

Siracusa (uma cidade-estado grega, na Sicília)

Todos os círculos são semelhantes, e a razão entre a circunferência e o diâmetro de um círculo é sempre o mesmo número, conhecido como a constante Pi (π).

Como a raiz quadrada e a raiz cúbica de 2, π é um número irracional: é preciso uma sequência interminável de dígitos para expressar π como um número. É impossível encontrar seu valor exato – no entanto, o valor pode ser calculado com qualquer grau de precisão necessário.

A primeira referência à relação entre a circunferência e o diâmetro de um círculo é de um papiro egípcio escrito em 1650 a.C., mas Arquimedes foi o primeiro a calcular o valor mais preciso. Seu valor situa-se entre $3\,^1/_7$ e $3\,^{10}/_{71}$, ou entre 3,142 e 3,141, e está correto até duas casas decimais. No século 18, o matemático suíço Leonhard Euler usou pela primeira vez a letra π, a primeira letra da palavra grega para perímetro, para representar essa relação.

Até mesmo para projetar um satélite, basta saber o valor de π com poucas casas decimais de precisão, mas alguns matemáticos amam calcular o valor de π. Em 2002, Yasumasa Kanada (1948-), da Universidade de Tóquio, usou um supercomputador para fazer isso. O computador levou 602 horas para computar o valor com 124.100.000.000 casas decimais.

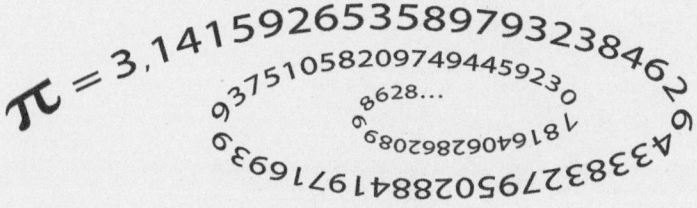

π = 3,14159265358979323846433832795028841971693993751058209749445923078164062862089986280...

Século 3 a.C.
Alexandria, Egito

A Medição da Terra por Eratóstenes

Eratóstenes (c. 276-194 a.C.)

Ao meio-dia, no solstício de verão, o Sol está a pino em Siena (atual Assuã) e não há sombra, mas, ao mesmo tempo, em Alexandria, os raios-do-Sol incidem com ângulo diferente de zero e há uma sombra mensurável.

Eratóstenes usou esse conceito simples para calcular a circunferência da Terra.

Eratóstenes concluiu que a superfície da Terra era curva, resultando em diferentes ângulos para os raios-do-Sol em locais diversos. Com a ajuda de simples instrumentos geométricos, ele descobriu que os raios-do-Sol em Alexandria, ao meio-dia, incidiam num ângulo de 7,2 graus, que é $1/50$ de 360 graus. Conhecendo a distância entre os dois lugares, calculou que a circunferência da Terra era de 50 vezes essa distância. Eratóstenes chegou ao valor de 39.350 km, próximo ao comprimento médio real de 40.072 km. Um feito extraordinário!

Eratóstenes foi um acadêmico versátil: astrônomo, matemático, geógrafo, historiador, crítico literário e poeta. Ele foi apelidado de "Beta" (segunda letra do alfabeto grego), porque era considerado "o segundo melhor" em tudo.

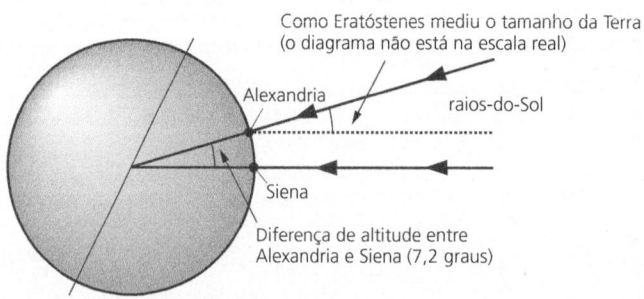

Como Eratóstenes mediu o tamanho da Terra (o diagrama não está na escala real)

Diferença de altitude entre Alexandria e Siena (7,2 graus)

Ângulo entre a direção do Sol e uma direção perpendicular à superfície, medido de acordo com o comprimento de uma sombra criada por um bastão em Alexandria (7,2 graus)

O Universo Geocêntrico de Ptolomeu
Ptolomeu (c. 100-170)

c. 150
Alexandria, Egito

A Terra está no centro de todo o cosmos.

Essa crença errônea dominou a astronomia durante 14 séculos.

"A Terra não gira, caso contrário objetos seriam jogados para fora de sua superfície tal como a lama de uma roda girando. Ela permanece no centro das coisas porque este é seu lugar natural – não tem tendência de ir a qualquer outro. Em torno dela e em esferas sucessivamente maiores giram Lua, Mercúrio, Vênus, Sol, Marte, Júpiter e Saturno, todos eles derivando seu movimento das imensas e distantes esferas que são as estrelas fixas", escreveu Ptolomeu em seu livro *O almagesto*, em que sintetizou o trabalho de seus antecessores.

A importância e a influência de *O almagesto* só podem ser comparadas com *Os elementos*, de Euclides (p. 11). A maior parte de *O almagesto* (árabe para "o maior") lida com a matemática do movimento planetário. Ptolomeu explicou as andanças dos planetas usando um complicado sistema de ciclos e epiciclos que perturbou os astrônomos durante séculos. No século 13, Alfonso, o Sábio, rei espanhol de Castela e um grande patrono da astronomia, comentou: "Se o Senhor Todo-Poderoso houvesse me consultado antes de iniciar sua Criação, eu teria recomendado algo mais simples". A Teoria de Ptolomeu foi contestada por Copérnico (p. 20) e demolida por Kepler (p. 24). Ptolomeu apoiava o ponto de vista de Eratóstenes de que a Terra é esférica (p. 16), o que incentivou Colombo em suas viagens de descobrimento.

1202

Itália

A Sequência de Fibonacci
Leonardo Pisano (também conhecido como Fibonacci) (c. 1170-c. 1250)

Uma série de números em que cada termo sucessivo é a soma dos dois anteriores. Por exemplo: 1, 1, 2, 3, 5, 8, 13, 21, 34, 55, 89, 144...

A série é conhecida como a Sequência de Fibonacci e os próprios números como números de Fibonacci.

A Sequência de Fibonacci tem muitas outras propriedades matemáticas interessantes. Por exemplo, a razão entre dois termos sucessivos (do maior para menor: $1/1$, $2/1$, $3/2$, $5/3$, $8/5$...) aproxima-se do número 1,618. Essa razão é conhecida como **proporção áurea**, sendo representada pela letra grega Phi (ϕ). Phi era conhecido pelos antigos gregos, e os arquitetos gregos usavam a razão de 1: ϕ como parte de seus projetos. O mais famoso dentre eles é provavelmente o Partenon, em Atenas. Curiosamente, Phi também aparece no mundo natural. O número de pétalas em uma flor muitas vezes é um número de Fibonacci (observe o arranjo de florezinhas em uma couve-flor). As sementes de girassol são organizadas em dois conjuntos de espirais. A relação entre o número de sementes nas duas espirais é Phi, e esta também é a razão entre sua altura e a distância de seu umbigo à ponta de seus pés.

Durante suas viagens à África do Norte, Fibonacci descobriu o sistema posicional de números, desenvolvido na Índia e adotado pelos árabes. Em seu livro *Liber abaci* (1202), ele apresentou à Europa os algarismos arábicos que usamos hoje.

A Navalha de Ocam
Guilherme de Ocam (1285-1349)

Século 14

Inglaterra

Entidades não devem ser multiplicadas desnecessariamente.

Este princípio orientador para o desenvolvimento de ideias científicas diz que você deve preferir a explicação mais simples em que se enquadrem os fatos.

William, um filósofo e teólogo, veio de Ocam, um vilarejo cerca de 40 km a sudoeste de Londres. Em sua juventude, ingressou na ordem franciscana e estudou em Oxford, onde lecionou de 1317 a 1319. Em Oxford, que era então um grande centro franciscano de estudos, William se tornou o líder de uma escola filosófica chamada de nominalismo.

Hoje é mais lembrado por sua regra, conhecida como a Navalha de Ocam, que é de vital importância na filosofia da ciência. Em nossos tempos, a regra tem sido interpretada como significando que, frente a duas teorias concorrentes que predizem as mesmas coisas, aquela que for mais simples será a melhor. Em outras palavras, é mais provável que seja correta a explicação que exija o menor número de hipóteses. O conselho dado para que programadores de computador mantenham seus programas simples, popularmente conhecido como KISS – Keep It Simple, Stupid ("mantenha as coisas simples, seu tolo"), segue a mesma linha. Mas também devemos prestar atenção a Einstein: "Tudo deve ser tornado o mais simples possível, porém não mais simples que isso".

O Sistema de Copérnico

1543

Polônia

Nicolau Copérnico (1473-1543)

O Sol está no centro do sistema solar, fixo e imóvel, e os planetas orbitam em torno dele em círculos perfeitos, na seguinte ordem: Mercúrio, Vênus, Terra com sua Lua, Marte, Júpiter e Saturno.

O Sistema de Copérnico desafiou o dogma de que a Terra estava imóvel no centro do universo e propôs uma nova teoria com um universo centrado no Sol.

Copérnico não só colocou o Sol no centro do Sistema Solar, mas também relatou detalhadamente os movimentos da Terra, da Lua e dos planetas que eram conhecidos na época. Ele afirmou ainda que a Terra gira sobre seu próprio eixo, o que explica os dias e as noites.

Copérnico tinha encontrado a verdade, mas convencer o mundo era uma tarefa complicada. Ele não publicou seus resultados porque contrariavam os ensinamentos da Igreja Católica na época. Os líderes religiosos de seu tempo estavam contra ele. Lutero (fundador da Igreja Luterana na Alemanha) denunciou-o como "um novo astrólogo... um tolo", que queria "derrubar toda a ciência da astronomia". Seu livro *De revolutionibus orbium coelestium Libri VI* (Sobre as revoluções das esferas celestes, em seis partes) foi publicado bem perto do final de sua vida, e uma cópia colocada em seu leito de morte. Assim, o maior astrônomo de seu tempo morreu sem ver seu livro impresso – um livro que se encontra ao lado dos *Principia*, de Newton (p. 39, 41), e de *A origem das espécies*, de Darwin (p. 100), como produto do gênio científico.

Veja também o Conceito do Sistema Solar de Galileu (p. 29).

A Teoria de Brahe dos Céus Mutáveis
Tycho Brahe (1546-1601)

1577

Dinamarca

O céu é mutável, e os cometas se movem pelo espaço. A Terra é o centro do Universo, e em torno dela giram a Lua e o Sol. Os planetas orbitam o Sol.

Até então, acreditava-se que os planetas fossem carregados por esferas que se ajustavam firmemente umas às outras.

Brahe discordava da doutrina de Copérnico (p. 20) e aceitava o dogma de que a Terra estava parada. Sua verdadeira contribuição para a astronomia foi como observador, não como teórico. Ele mediu com precisão a posição de 777 estrelas, um feito notável considerando-se que foi realizado sem um telescópio. Também mediu o movimento dos planetas, mas foi incapaz de determinar suas órbitas. Suas observações abriram caminho para as descobertas de seu assistente, Kepler (p. 24). Após a morte de Brahe, Kepler herdou suas muitas observações planetárias.

As observações de Brahe da supernova – estrela em explosão – de 1572 e do cometa de 1577 convenceram-no de que o Universo não era imutável, como os filósofos de seu tempo acreditavam. A noção de esferas celestes não era possível porque os cometas se moviam através dessas esferas. Mas ele continuava colocando a Terra no centro do universo. Seu contemporâneo, o filósofo italiano Giordano Bruno (1548-1600), acreditava no heliocentrismo do sistema de Copérnico, e, por causa dessas crenças hereges, foi queimado na fogueira.

1600

Inglaterra

A Teoria do Magnetismo de Gilbert
William Gilbert (1544-1603)

A agulha da bússola aponta para os polos magnéticos da Terra, que funcionam como um ímã em barra gigante. A agulha apontaria para baixo em ângulos diferentes de acordo com a latitude, mas apontaria diretamente para baixo no Polo Norte.

Até que Gilbert propusesse sua teoria, um magneto era uma pedra misteriosa para os cientistas. Alguns acreditavam que a agulha da bússola apontava para o paraíso celeste.

Em 1600, Gilbert publicou um livro, *De magnete*, no qual descreve fatos e experiências importantes sobre magnetismo e eletricidade estática. Ele provou que a Terra é um ímã e mostrou que uma barra de ferro pode ser magnetizada, forjando-a na direção norte-sul. Descobriu que, se um ímã for dividido ao meio, cada metade se torna outro ímã.

Gilbert também descobriu que, quando esfregadas com uma substância apropriada, âmbar e muitas outras substâncias adquirem um estranho poder de atração. Chamou essas substâncias de "elétricas" (do grego *eléktron*, significando "âmbar"). Também inventou um aparelho elétrico, o precursor de um eletroscópio simples, para realizar experiências sobre as propriedades elétricas de várias substâncias.

Gilbert sempre realizava seus experimentos com grande cuidado e anotava cada observação que fazia. *De magnete*, uma grande exposição dos novos métodos científicos, é muitas vezes considerado o primeiro grande trabalho científico em inglês. Um ano após sua publicação, foi nomeado médico da corte da rainha Elizabeth I.

A Estrela de Belém
Johannes Kepler (1571-1630)

1603

Alemanha

A Estrela de Belém foi uma conjunção planetária (grande aproximação dos planetas) de Júpiter e Saturno no céu noturno.

Kepler foi o primeiro a identificar a estrela do Natal como um evento específico em uma data.

A Estrela de Belém que levou os três Reis Magos ao nascimento de Jesus é um símbolo do Natal. Durante dois milênios, astrônomos, teólogos, crentes e céticos têm refletido sobre a natureza da estrela que supostamente anunciou a era cristã.

Em dezembro de 1603, Kepler ficou intrigado com a conjunção planetária de Júpiter e Saturno. Com sua paciência e precisão características, começou a calcular as posições planetárias no momento do nascimento de Jesus. Seus cálculos mostraram que houve três conjunções planetárias de Júpiter com Saturno em 7 a.C.: 27 de maio, 5 de outubro e 1º de dezembro.

Os críticos desta teoria dizem que há uma falha importante: a Bíblia refere-se especificamente a uma "estrela", não um planeta ou um par de planetas. Outras teorias também competem com a de Kepler: poderia ser (1) o planeta Vênus, (2) uma supernova (uma estrela que explode) ou (3) um cometa. Ou será que houve mesmo uma nova estrela – uma luz santa – que guiou os três Reis Magos à manjedoura em Belém? Terá sido apenas um mito criado por partidários excessivamente entusiasmados?

Veja também as Leis de Kepler para o Movimento Planetário (p. 24).

1609-1619

Alemanha

As Leis de Kepler para o Movimento Planetário
Johannes Kepler (1571-1630)

Primeira lei: os planetas se movem em órbitas elípticas tendo o Sol como um dos focos. Segunda lei: a linha reta que une o Sol a qualquer um dos planetas varre áreas iguais em períodos iguais de tempo. Terceira lei: os quadrados dos períodos orbitais dos planetas são proporcionais aos cubos de suas distâncias médias do Sol.

Medições recentes das órbitas dos planetas mostram que eles não seguem precisamente essas leis. Contudo, seu desenvolvimento é considerado um marco importante para a ciência.

As duas primeiras leis foram publicadas em 1609; a terceira, em 1619. Sua publicação pôs fim aos ciclos e epiciclos de Ptolomeu (p. 17). A fé ardente de Kepler no Sistema de Copérnico (p. 20) – "O Sol não apenas está no centro do universo, como também é o espírito que o movimenta", afirmou – colocou-o em oposição aos líderes religiosos. Era chamado de "lunático" pelo povo.

Kepler era um gênio versátil que, além de descobrir essas três leis, compilou tabelas de posições de estrelas, desenvolveu o telescópio astronômico, trabalhou no cálculo infinitesimal e seus algoritmos, fundou a ciência da óptica geométrica, estudou a anatomia do olho humano, explicou as marés dos oceanos e escreveu, em latim, o primeiro conto de ficção científica, "Somnium", no qual sonhava com a construção de um navio para navegar os oceanos do espaço no Universo.

Veja também a Estrela de Belém (p. 23).

O Método Científico de Bacon
Francis Bacon (1561-1626)

1620

Inglaterra

As leis científicas devem ser baseadas em observações e experimentos.

Bacon rejeitava a abordagem dedutiva, ou *a priori*, que Aristóteles propusera. Em vez disso, sugeriu seu método indutivo, ou *a posteriori*. Bacon descobriu o instrumento mais importante da ciência, O Método Científico, mas não fez nenhuma descoberta científica significativa. "Vou me contentar em despertar alguns espíritos superiores, como quem toca um sino, sendo o primeiro a chamar os outros para a igreja", escreveu uma vez a um amigo. O sino de Bacon ainda está tocando.

Bacon era filósofo e defendeu um novo método de investigação, totalmente diferente dos métodos filosóficos dos antigos gregos, em seu livro *Novum organum*. Esse método tem influenciado todos os cientistas desde sua publicação em 1620. A essência de seu método é a seguinte: recolher uma massa de fatos através de observações e experiências, analisar os fatos através da elaboração de tabelas de ocorrências negativas, positivas e variáveis do fenômeno, elaborar hipóteses a partir das evidências, recolher novas provas para avançar em direção a uma teoria mais geral. O aspecto mais importante deste método era a ideia de elaborar hipóteses a partir de dados disponíveis e, em seguida, verificá-las fazendo investigações adicionais. "Uma filosofia natural verdadeira e fecunda possui uma dupla graduação ou escada, ascendente ou descendente: ascendente, partindo de experimentos para axiomas, e descendente, partindo de axiomas para a elaboração de novas experiências", escreveu ele no *Novum organum*.

Veja também o apêndice "O Método Científico" (p. 205).

1621
Holanda

A Lei de Snell
Willebrord van Roijen Snell (1580-1626)

Durante a refração da luz, a relação entre os senos dos ângulos de incidência (i) e de refração (r) é uma constante igual ao índice de refração do meio.

Em forma de equação, $n_1 \sin i = n_2 \sin r$, onde n_1 e n_2, respectivamente, são os índices de refração de dois meios. O índice de refração de uma substância é uma medida de sua capacidade de desviar a luz. Quanto maior o número, melhor a luz será refratada. Por exemplo, o índice de refração do diamante (2,42) é o maior de todas as pedras preciosas.

A refração é a mudança na direção de um raio de luz quando atravessa a fronteira entre dois meios. Isso acontece porque a luz tem velocidades diferentes em meios diversos.

Um raio de luz que entra em um meio onde a velocidade da luz é menor (do ar para a água, por exemplo) se inclina em direção a uma reta perpendicular à fronteira dos dois meios de comunicação (ver figura). Ele se desvia para longe da perpendicular quando passa da água para o ar. A refração era conhecida pelos gregos antigos, mas Snell, um matemático holandês, foi o primeiro a estudá-la. A refração é responsável por muitas ilusões de óptica, como quando um pedaço de pau na água parece estar dobrado.

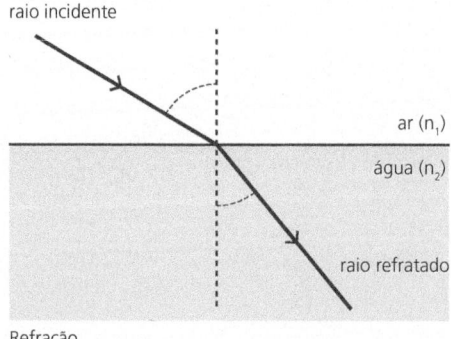

Refração

Como um raio de luz se desvia quando passa do ar para a água

Harvey e a Circulação Sanguínea
William Harvey (1578-1657)

1628
Inglaterra

O coração é uma bomba feita de músculos. Ela faz com que o sangue circule pelo corpo através das artérias e de volta ao coração pelas veias.

Para nós isso é um fato básico, mas, na época de Harvey, as pessoas não conheciam a circulação sanguínea. Acreditavam que o sangue era formado no fígado, corria pelo septo (a parede divisória) do coração, sendo depois absorvido pelo organismo.

Quando Harvey publicou a teoria em seu livro *Um ensaio anatômico sobre o movimento do coração e do sangue em animais*, foi rejeitado por seus colegas médicos, que afirmavam que suas ideias não tinham curado um único paciente. John Aubrey, o biógrafo fofoqueiro da época, escreveu: "Ouvi dizer que Harvey perdeu muitos pacientes depois que seu livro foi lançado. O povo acreditava que ele era doido e todos os doutores estavam contra ele. Conheci vários médicos em Londres que não dariam um tostão por uma de suas descobertas". Levou quase meio século antes que as descobertas de Harvey, resultantes de longas experimentações em animais, fossem aceitas pelos médicos.

Harvey foi um médico da corte de Charles I, cargo que ocupou até Charles ser decapitado. Aubrey diz ainda: "Ele esteve presente na Batalha de Edgehill e estava encarregado do jovem príncipe de Gales e duque de Iorque. Durante a batalha, sentou-se sob uma sebe e ficou lendo um livro".

1632

Itália

As Leis de Galileu sobre a Queda dos Corpos
Galileu Galilei (1564-1642)

Desprezada a resistência do ar, todos os corpos caem com o mesmo movimento. Se começarem juntos, cairão juntos. O movimento possui aceleração constante: o corpo ganha velocidade a uma taxa constante.

A partir desta lei obtemos as equações do movimento acelerado: $v = gt$ e $s = \frac{1}{2} gt^2$, onde v é a velocidade, g é a aceleração produzida pela gravidade e s é a distância percorrida no tempo t.

O filósofo grego Aristóteles (384-322 a.C.) foi o primeiro a especular sobre o movimento dos corpos. Ele havia dito que quanto mais pesado o corpo, mais rápido cairia. Somente 19 séculos depois esse conceito foi contestado por Galileu. Ele realizou experimentos meticulosos em planos inclinados para estudar o movimento dos corpos em queda. A partir dessas experiências, formulou suas leis sobre a queda dos corpos.

As leis foram publicadas em seu livro *Diálogo sobre os dois principais sistemas do mundo*, em que resumiu seu trabalho sobre movimento, aceleração e gravidade.

É dito que Galileu fez uma demonstração, deixando cair um objeto leve e outro pesado a partir do topo da torre inclinada de Pisa. A demonstração provavelmente nunca aconteceu, mas, em 1971, os astronautas da Apollo 15 realizaram novamente o experimento de Galileu na superfície da Lua. O astronauta David Scott deixou cair uma pena e um martelo da mesma altura. Ambos alcançaram a superfície ao mesmo tempo, provando que Galileu estava certo.

Veja também o Conceito de Sistema Solar de Galileu (p. 29).

O Conceito de Sistema Solar de Galileu
Galileu Galilei (1564-1642)

1632

Itália

A Terra e os planetas não apenas giram em torno de seus eixos como também giram em torno do Sol em órbitas circulares. "Manchas" negras na superfície do Sol parecem se mover: portanto, o Sol também deve girar.

Galileu reafirmou e fez avançar o conceito de sistema centrado no Sol que havia sido proposto por Copérnico. Para observar o céu, usava um telescópio de refração construído por ele mesmo em 1609.

Quando Galileu publicou sua obra-prima, *Diálogos sobre os dois principais sistemas do mundo*, defendendo eloquentemente e ampliando o sistema de Copérnico (p. 20), foi dito que suas teorias iam contra os ensinamentos da Igreja Católica. Em 1633, foi julgado por suspeita de heresia pela Inquisição e forçado a renunciar a suas teorias. Em meio às lendas da ciência, o julgamento de Galileu é tão popular quanto a maçã de Newton. A tradição diz que ele estava tão convencido de que é a Terra que se move que, assim que foi libertado, após renegar sua crença no sistema de Copérnico, teria batido o pé no chão e dito baixinho: "*E pur si muove*" ("Contudo, ela se move"). A punição de Galileu foi ficar confinado em casa durante os últimos anos de sua vida.

Após a morte de Galileu, o pensamento científico aos poucos foi se voltando para o sistema solar centrado no Sol. Em 1992, mais de três séculos e meio depois, o Vaticano reverteu oficialmente o veredito do julgamento de Galileu.

Veja também as Leis de Galileu sobre a Queda dos Corpos (p. 28).

N.T.: o Prof. Francisco de Assis Magalhães Gomes (1906-1990), do Departamento de Física da UFMG, foi o único brasileiro que participou do comitê internacional incumbido pelo Vaticano de estudar a reversão do julgamento de Galileu.

1637 -1639
França
EUA

O Último Teorema de Fermat
Pierre de Fermat (1601-1665)
Andrew Wiles (1953-)

Este teorema prova que não há soluções com números inteiros para a equação $x^n + y^n = z^n$ quando n é maior que 2.

O problema é baseado no Teorema de Pitágoras (p. 7): em um triângulo retângulo, o quadrado da hipotenusa é igual à soma dos quadrados dos outros dois lados, ou seja: $x^2 + y^2 = z^2$. Se x e y são números inteiros, então z também pode ser um número inteiro. Se a mesma equação é usada para uma potência superior a 2, como $x^3 + y^3 = z^3$, então z nunca pode ser um número inteiro.

Em torno de 1637, Fermat, um matemático reconhecido, escreveu uma equação na margem de um livro do matemático grego Diofanto. Em seguida, acrescentou: "Descobri uma prova maravilhosa, mas esta margem é demasiado pequena para contê-la". O problema, hoje chamado de "Último Teorema de Fermat", deixou até mesmo os maiores matemáticos perplexos durante 356 anos.

Em 1993, Wiles, um professor de matemática na Universidade de Princeton, finalmente provou o teorema. Wiles, nascido na Inglaterra, sonhava em demonstrar o teorema desde quando o leu, em sua biblioteca local, aos dez anos de idade. Levou sete anos de trabalho minucioso para prová-lo. A prova, contendo 130 páginas, foi publicada na revista *Annals of Mathematics* em maio de 1995.

A Lei de Pascal
Blaise Pascal (1623-1662)

1647-1648

França

Quando aplicamos pressão a qualquer ponto de um fluido num recipiente fechado, a pressão é transmitida uniformemente em todas as direções.

A lei (algumas vezes chamada de "princípio") tem aplicações práticas em dispositivos como os freios hidráulicos de um carro ou em cadeiras hidráulicas.

O diagrama abaixo mostra como uma pequena força pode se tornar muito maior quando aumentamos a área de um pistão (na saída, onde é aplicada a força que sustenta o carro) em relação à área do outro pistão (na entrada, onde a força é exercida pelo homem).

Pascal, matemático e filósofo, foi um dos fundadores da Teoria da Probabilidade (p. 33). A unidade de pressão, pascal (Pa), é assim chamada em sua honra.

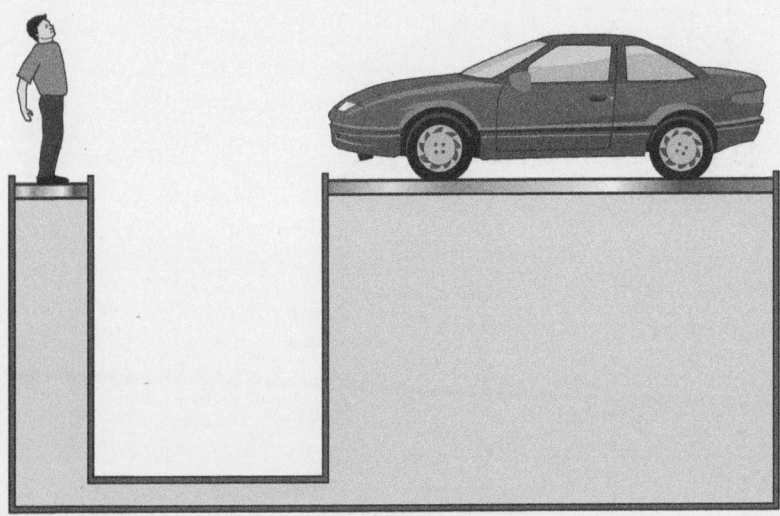

A Demonstração de uma Bomba a Vácuo, por Guericke

1654 — Alemanha

Otto von Guericke (1602-1686)

A demonstração provou que o ar exerce pressão.

A noção de que o ar exerce pressão pode parecer simples para você, mas, no século 17, foi uma descoberta notável.

O filósofo grego Aristóteles (384-322 a.C.) disse que "a natureza tem horror ao vácuo". Esse pensamento persistiu por quase dois milênios até que, no século 17, os cientistas começaram a estudar a verdadeira natureza do vácuo. Um deles foi Guericke, um rico cientista amador que, em 1650, gerou um grande avanço técnico inventando uma bomba a vácuo (algumas vezes chamada de bomba de ar): um dispositivo mecânico para remover o ar de um recipiente.

Em 1654, Guericke, então prefeito de Magdeburg, realizou um experimento espetacular frente ao imperador Fernando III e sua corte. Usou a bomba a vácuo para retirar o ar de dentro de dois hemisférios metálicos com cerca de 50 cm de diâmetro, cujas bordas foram ajustadas com grande meticulosidade. Oito cavalos foram amarrados a um dos hemisférios e oito ao outro. Esses 16 cavalos, contudo, não conseguiram separar os hemisférios. Para surpreender seu público ainda mais, ele abriu uma válvula e, quando o ar entrou na esfera, separou os hemisférios sem esforço.

Guericke não usou sua bomba a vácuo apenas para demonstrar o poder da pressão atmosférica: também a utilizou para mostrar que a luz, mas não o som, pode viajar através do vácuo, e que não se pode acender uma vela no vácuo.

A Teoria da Probabilidade
Blaise Pascal (1623-1662)

1654

França

O estudo da probabilidade de ocorrência de um evento.

Um evento casual é algo que ocorre de forma imprevisível. A probabilidade é o conceito matemático que lida com quão provável é a ocorrência de um evento.

O Chevalier de Méré, um nobre e jogador que vivia em alto estilo no século 17, gostava de apostar dinheiro no fato de que sairia ao menos um seis se um dado fosse jogado quatro vezes. Contudo, quando começou a apostar que um seis iria surgir ao menos uma vez quando dois dados fossem jogados 24 vezes, sua sorte diminuiu. Perguntou a seu amigo e matemático Pascal por que estava tendo azar nesse novo jogo. Pascal escreveu a respeito para seu colega, o matemático Pierre de Fermat (p. 30) e a correspondência dos dois sobre o assunto levou ao surgimento da Teoria da Probabilidade.

A Teoria da Probabilidade pode ajudá-lo a entender muitas coisas – desde suas chances de ganhar na loteria a suas chances de ser atingido por um raio. Você pode descobrir a probabilidade de um evento dividindo o número de formas pelas quais esse evento pode ocorrer pelo número total de possibilidades. Por exemplo, a probabilidade de tirar um ás de um baralho bem embaralhado é $1/_{52}$, ou 0.077 (52 cartas ao todo, incluindo 4 ases no baralho). Abaixo você pode ver alguns termos que costumamos usar para descrever probabilidades:

Descrição	Percentual	Probabilidade
Absolutamente certo	100%	1
Muito provável	90%	0,9
Bastante provável	70%	0,7
Indiferente (igualmente provável)	50%	0,5
Pouco provável	30%	0,3
Improvável	20%	0,1
Impossível	0%	0

1660
Inglaterra

A Lei da Elasticidade de Hooke
Robert Hooke (1635-1703)

Dentro dos limites de elasticidade, a deformação de um material elástico é proporcional à força de alongamento aplicada.

Esta lei se aplica a todos os tipos de materiais, de bolas de borracha a molas de aço. A lei ajuda a definir os limites de elasticidade de um material.

Em forma de equação, a lei é expressa como $F = -kx$, onde F é a força, x a variação do comprimento e k uma constante.

Hooke, um contemporâneo de Newton, foi um dos fundadores da Royal Society de Londres, em 1662, e foi seu curador de experimentos até morrer. Newton não gostava do estilo agressivo de Hooke e se recusou a participar das reuniões da Royal Society enquanto Hooke fosse seu curador. Hooke desconfiava tanto de seus contemporâneos que, quando descobriu sua lei, publicou-a como um anagrama em latim, *ceiiinosssttuv*, em seu livro sobre a elasticidade. Dois anos mais tarde, quando tinha certeza de que a lei poderia ser provada por meio de experiências com molas, revelou que o anagrama significava *Ut tensio sic vis*, "ou seja, o 'poder' de qualquer mola está na mesma proporção que sua tensão. Bem, a teoria é muito curta, de modo que testá-la é muito fácil". Ele tinha razão: tudo que você precisa é de uma mola, uma régua e um conjunto de pesos.

A Lei de Boyle
Robert Boyle (1627-1691)

1662

Inglaterra

O volume de uma determinada massa de um gás a uma temperatura constante é inversamente proporcional a sua pressão.

Em outras palavras, se você dobrar a pressão de um gás, terá reduzido pela metade seu volume. Em forma de equação, pV = constante, ou $p_1V_1 = p_2V_2$, onde os subscritos 1 e 2 referem-se aos valores de pressão e volume para duas leituras quaisquer durante o experimento.

Nascido no castelo de Lismore, na Irlanda, Boyle foi o sétimo filho do primeiro Conde de Cork. Era uma criança brilhante. Quando tinha 14 anos, visitou a Itália para estudar as obras de Galileu. Lá, decidiu que iria devotar sua vida à ciência. Em 1661, publicou sua obra mais famosa, *The Sceptical Chymist*, em que rejeitou os quatro elementos de Aristóteles – terra, água, fogo e ar – e propôs que um elemento fosse uma substância material, que podia ser identificada apenas através de experimentos. Em 1662, fez uma bomba a vácuo eficiente – hoje familiar para qualquer aluno – que usou para criar sua lei. Também usou sua bomba para fazer experiências com a respiração e a combustão e demonstrou que o ar era necessário para a vida, bem como para a combustão.

Boyle, que foi apresentado ao famoso cronista inglês Samuel Pepys como "filho do Conde de Cork e pai da química moderna", estabeleceu as bases da química como uma ciência experimental. Ele acreditava na "elaboração de experimentos e em fazer observações", em vez de "anunciar uma teoria qualquer, sem testar os fenômenos relevantes".

Veja também a Lei de Charles (p. 56).

1668

Itália

Redi e a Teoria da Geração Espontânea
Francesco Redi (1626-1697)

Desde a antiguidade, acreditava-se que a vida podia surgir instantaneamente a partir de matéria viva ou morta: larvas surgiam a partir de carne em decomposição; lagartas, a partir das folhas; rãs, a partir do lodo.

Redi provou que essa Teoria Popular da Geração Espontânea era falsa.

Redi preparou oito frascos, cada um com um tipo diferente de carne dentro: uma cobra morta, alguns peixes e pedaços de vitela. Selou quatro frascos e deixou os outros abertos, em contato com o ar. Poucos dias depois notou que apenas os frascos abertos continham vermes. A carne nos outros fracos estava igualmente podre, mas sem vermes. Seguiu em frente e repetiu o experimento, desta vez cobrindo quatro frascos com gaze em vez de selá-los. O ar podia entrar nos frascos, mas não as moscas. Novamente, os vermes apareceram apenas nos frascos abertos. A partir dessas experiências Redi concluiu que os vermes não eram gerados espontaneamente, mas surgiam a partir de ovos deixados pelas moscas.

Ainda assim, as experiências de Redi não conseguiram abalar as crenças seculares das pessoas. Sua ideia foi finalmente aceita quando Louis Pasteur (p. 106) realizou, em 1865, uma série de experimentos que mostraram que havia micro-organismos em toda parte. Ele comprovou que toda forma de vida deriva de outra forma de vida.

Redi, cientista e poeta, acreditava profundamente no novo método científico. Seus experimentos simples, mas cuidadosamente planejados, criaram as bases da biologia experimental.

O Cálculo de Leibniz
Gottfried Leibniz (1646-1716)

1684

Alemanha

"Um novo método para máximos e mínimos, assim como para as tangentes... e um tipo curioso de cálculo" foi como Leibniz apresentou o cálculo.

O Cálculo é hoje um importante ramo da matemática que lida com o comportamento de funções.

A disputa entre Newton e Leibniz sobre qual deles formulou primeiro o cálculo é bem conhecida dos leitores da história da ciência. Newton (p. 39-41) já tinha criado o cálculo (que ele chamava de "Teoria das Fluxões") em 1665, mas não publicou nada até 1687. A controvérsia continuou durante anos, mas hoje é aceito que cada um deles desenvolveu suas ideias de forma independente. No entanto, a terminologia e a notação do cálculo tais como as conhecemos hoje vêm de Leibniz. Por exemplo, foi Leibniz quem propôs o símbolo $\int$ (um s alongado) para as integrais, usado até hoje. Também introduziu muitos outros símbolos matemáticos: o ponto decimal, usado em alguns países de língua inglesa, o sinal de igualdade, os dois-pontos (:) para a divisão e a proporção e o ponto para a multiplicação.

Leibniz, matemático e filósofo, sonhava em criar uma linguagem simbólica universal que poderia ser usada para determinar a verdade de qualquer proposição. "As disputas entre dois filósofos seriam tão desnecessárias quanto aquelas entre dois contadores", disse ele. "Bastaria que pegassem o lápis ... e dissessem... 'Vamos calcular'". O sonho de Leibniz originou a lógica matemática contemporânea.

1686

Inglaterra

O Conceito de Espécies de Ray
John Ray (1627-1705)

A espécie é uma população de organismos constituídos por indivíduos similares capazes de se reproduzir entre si.

Ray foi o primeiro a usar a palavra espécie (em latim, significa "tipo" ou "forma") em seu sentido científico atual.

O Conceito de Espécies de Ray baseou-se no estudo de mais de 18.600 espécies de plantas, que ele descreveu nos três volumes de sua *Historia plantarum generalis*, publicados entre 1686 e 1704. Nesse livro, ele explicou: "Depois de longas e abrangentes investigações, não me ocorreu nenhum critério mais seguro para determinar uma espécie do que as características distintivas que se perpetuam, propagando-se a partir de sementes. Assim, não importa quais variações venham a ocorrer no indivíduo ou na espécie, se elas surgirem a partir da semente de uma única e mesma planta, são variações acidentais e não criam distinção de espécies".

Também foi o primeiro a classificar as plantas com flores em monocotiledôneas e dicotiledôneas. Os nomes se referem ao número de cotilédones, ou folhas presentes no embrião, dentro da semente. Ele também introduziu os termos "pétala" e "pólen". Em seus outros trabalhos, escreveu sobre peixes, aves, répteis, mamíferos e fósseis.

O termo "espécie" é hoje usado tanto para organismos vivos quanto para os extintos.

Em todo o mundo já foram identificadas e denominadas cerca de 1,5 milhão de espécies. As estimativas para o número total de espécies existentes no planeta vão de 10 a 30 milhões.

Veja também o Sistema de Classificação de Lineu (p. 45).

A Lei da Gravitação de Newton
Isaac Newton (1642-1727)

1687

Inglaterra

Dois corpos se atraem com uma força proporcional ao produto de suas massas e inversamente proporcional ao quadrado da distância entre eles.

Essa força é conhecida como força de gravitação. Mantém as cadeiras no chão e os planetas em suas órbitas.

A lei pode ser expressa pela equação $F = GmM/r^2$, onde F é a força, m e M são as massas dos dois corpos, r a distância entre eles. G é a constante gravitacional.

Enquanto estava sentado em seu jardim, Newton observou uma maçã cair de uma árvore. Isso fez com que pensasse por que ela caía em linha reta até o chão. Chegou à conclusão de que a maçã caiu para baixo porque alguma força a puxou. Essa observação casual levou-o a sua grande Teoria da Gravitação. (Gravidade é a mesma coisa que gravitação. A palavra gravidade é utilizada sobretudo para a atração que a Terra exerce em outros objetos.)

Este é, talvez, o episódio mais popular da ciência. A anedota, provavelmente apócrifa, não diz se a maçã caiu sobre a cabeça de Newton ou não, mas sabemos que essa queda gerou uma ideia científica que resolveu muitos mistérios do universo. Newton publicou sua Lei da Gravitação em sua obra *Philosophiae naturalis principia mathematica* (Princípios matemáticos de filosofia natural) em 1687. A publicação dos *Principia*, escritos em latim, é considerada um dos eventos mais importantes na história da ciência.

O primeiro livro dos *Principia* formula as Leis do Movimento (p. 41) e lida com os Princípios Gerais da Mecânica. O segundo livro está centrado principalmente no Movimento de Fluidos. O terceiro é considerado o mais importante e explica a Gravitação. Newton mostrou que uma única força universal (a) mantém os planetas em suas órbitas ao redor do Sol, (b) mantém as luas em suas órbitas, (c) faz com que objetos caiam, (d) mantém os objetos na Terra e (e) cria as marés.

Por que dois objetos se atraem? Nem mesmo o grande Newton conseguia encontrar uma explicação. "Não construo hipóteses", disse ele. No entanto, Newton disse que a Lei da Gravitação é universal, isto é, aplica-se a todos os corpos no universo. A universalidade da Lei da Gravitação foi ampliada em 1915, quando Einstein publicou sua famosa Teoria da Relatividade Geral (p. 142).

As Leis do Movimento de Newton
Isaac Newton (1642-1727)

1687

Inglaterra

Primeira lei: um objeto em repouso irá permanecer em repouso e um objeto em movimento irá permanecer em movimento em velocidade constante até que uma força externa atue sobre o objeto.

Segunda lei: a soma de todas as forças (F) que atuam sobre um objeto é igual à massa (m) do objeto multiplicada pela aceleração, ou $F = ma$.

Terceira lei: para cada ação, há uma reação de mesma intensidade e sentido contrário.

A primeira lei introduz o conceito de inércia – a tendência que um corpo possui de resistir à mudança em sua velocidade. A inércia de um objeto está relacionada com sua massa. A segunda lei explica a relação entre massa e aceleração. A terceira lei mostra que as forças sempre existem em pares.

As Leis do Movimento de Newton também foram publicadas em seu livro *Principia* (p. 39). São tão fundamentais que todos os estudantes de ciência precisam aprendê-las. Quando Newton estava trabalhando nos *Principia*, era professor da Universidade de Cambridge, onde deveria dar uma palestra sobre matemática a cada semana. Contudo, estava tão envolvido com seu trabalho que ignorou essa obrigação diversas vezes. "Quando de fato dava palestras, havia poucos alunos", escreveu James Gleick em seu livro *Isaac Newton* (2001). "Às vezes, ele falava para uma sala vazia ou desistia e voltava para seus aposentos."

1690
Holanda

O Princípio de Huygens
Christiaan Huygens (1629-1695)

Cada ponto em uma frente de onda pode agir como uma nova fonte de ondas.

Huygens deu origem à ideia de frentes de onda e usou essa ideia para explicar a propagação das ondas. Esse princípio ainda é utilizado para determinar a posição futura de uma onda. Uma linha perpendicular às frentes de onda é chamada de raio, e esse raio mostra a direção da onda.

Newton (p. 39-41) foi o primeiro a definir a natureza da luz: a luz consistia de pequenas partículas chamadas de "corpúsculos" que viajavam no "éter" do espaço. No entanto, Huygens, um contemporâneo de Newton, disse que a luz consiste em ondas com frentes de onda perpendiculares à direção de seu movimento.

Huygens teve sua ideia sobre as ondas quando ainda era um menino e observou as ondulações nos canais próximos a sua casa. Em 1690, em seu livro *Traité de la lumière* (Tratado sobre a luz), ressaltou que as ondas de luz podem passar umas através das outras e que essa propriedade permite que uma pessoa olhe outra nos olhos. "Se a luz consistisse de partículas, as partículas de um olho iriam colidir com a de outro olho", afirmou. Em seu livro, também desenvolveu uma técnica, hoje conhecida como o Princípio de Huygens, para prever a posição futura de uma onda baseada em uma posição anterior que seja conhecida.

Huygens também descobriu os Anéis de Saturno (1655) e Titã, a primeira lua de Saturno (1665), além de ter inventado o relógio de pêndulo (1656).

Veja também o Princípio da Interferência de Young (p. 64-65).

O Relógio Biológico
Jean-Jacques d'Ortous de Mairan (1678-1771)

1729

França

Algumas funções das plantas não são reguladas pelo Sol, mas sim por algum mecanismo interno das plantas.

Foram realizados muitos estudos sobre o Relógio Biológico desde que Mairan formulou sua hipótese. Sabemos hoje que os Relógios Biológicos são um sistema de temporização interno que regula o metabolismo em todas as formas de vida.

De Mairan foi um astrônomo. Depois de suas experiências com plantas, voltou a observar o céu. Devemos, contudo, ser gratos por sua digressão e também por ter descrito, em 1749, um refrigerador chinês baseado no efeito de resfriamento da evaporação. Entretanto, De Mairan não sabia que todos nós somos reféns de nossos Relógios Biológicos. Observou-se que centenas de padrões celulares, fisiológicos e comportamentais seguem um ciclo de 24 horas nos humanos. Por esse motivo, o Relógio Biológico também é chamado de **Ritmo Circadiano** (do latim *circa diem* – cerca de um dia). Os Ritmos Circadianos não estão relacionados com o conceito popular e pseudocientífico de biorritmos. A temperatura corporal é um bom exemplo de Ritmo Circadiano. A temperatura de 37 °C é considerada a temperatura normal do corpo, mas indivíduos saudáveis possuem um ciclo de 24 horas durante o qual a temperatura varia entre 35,5 e 38,5 °C. A temperatura do corpo encontra-se em seu mínimo nas primeiras horas da manhã e atinge seu máximo no final da tarde e início da noite.

O *jet lag* e problemas de saúde associados com trabalhos que requerem rodízio de turnos são causados em grande parte pela luta do corpo contra seu ciclo circadiano, um relógio sensível à luz que também regula os ciclos de sono. Relógios com defeito podem provocar depressão e distúrbios do sono. O período de um ritmo circadiano poucas vezes é exatamente igual a 24 horas, mas varia entre 23 a 25 horas. O ciclo interno de sono/vigília dos humanos tem cerca de 25 horas. Por causa desse ciclo interno de 25 horas, as pessoas estão constantemente adiantando seu sono uma hora por dia para permanecer dentro do ciclo terrestre de 24 horas. No entanto, quando alguém alterna turnos no trabalho, a mudança no ciclo vigília/sono é muito drástica: o sistema perde o sincronismo e começa a funcionar sem referencial, indo e voltando em seu ciclo de 25 horas até que ele retome um sincronismo. Essa mesma dessincronização é a causa do *jet lag*. Como os ciclos de vigília e sono de 25 horas tendem naturalmente a atrasar o sono, é um pouco mais fácil se adaptar aos horários de trabalho que nos obrigam a ficar acordados até mais tarde do que o normal.

O Relógio Biológico permite que os organismos estejam em sintonia com seu ambiente. Sem ele, a sobrevivência num ambiente hostil não seria possível. Uma vez que todas as formas de vida possuem o Relógio Biológico e é vantajoso que tenham esse relógio, é provável que ele tenha se desenvolvido durante o processo evolutivo. Nos vertebrados, por exemplo, os Relógios Biológicos surgiram há mais de 450 milhões de anos.

Mas, se temos um relógio, onde está localizado? Nos mamíferos, incluindo os seres humanos, ele se encontra em uma área do cérebro denominada hipotálamo, em um pequeno grupo de células chamado de núcleo supraquiasmático (a sigla em inglês, SCN, é comumente usada). O SCN fica perto do trato ótico e está diretamente conectado aos olhos. SCNs também foram descobertos em outros tecidos do corpo.

O SCN é apenas uma parte do chamado eixo circadiano: os outros dois componentes são a glândula pineal (que, na escuridão, produz o hormônio melatonina) e a retina. Em algumas pessoas a produção excessiva de melatonina durante as longas noites e dias escuros, no inverno, pode provocar uma condição conhecida como distúrbio afetivo sazonal. Esse estado depressivo pode ser curado pela exposição a uma luminosidade adequada, com um espectro de frequências similar ao da luz solar.

O Sistema de Classificação de Lineu
Carlos Lineu (1707-1778)

1735

Suécia

Um sistema para dar nomes a organismos, atribuindo-lhes nomes científicos que consistem de duas partes.

O sistema fornece um método conciso e ordenado para classificações. O sistema ainda é muito usado, mas agora o código genético de um organismo fornece um método melhor para a classificação.

No Sistema de Lineu, também conhecido como "nomenclatura binomial", cada espécie recebe um nome que consiste em duas palavras científicas (em latim). O nome do gênero, que vem em primeiro lugar e começa com uma letra maiúscula, é seguido pelo nome da espécie, que começa com letra minúscula. Muitas vezes o nome do gênero é abreviado, e os nomes são sempre escritos em itálico ou estão sublinhados. Por exemplo, o nome científico dos humanos é *Homo sapiens* (abreviando, *H. sapiens*). O sistema possui seis categorias de classificação, em ordem decrescente: reino, filo, classe, ordem, gênero e espécie, mas apenas duas são usadas para nomear os organismos.

Lineu interessou-se por botânica quando tinha oito anos e ganhou o apelido carinhoso de "o pequeno botânico". Em 1735, publicou seu livro *Systema naturae*, no qual apresentou o sistema de classificação. "O pequeno botânico", que se tornou o fundador da ciência da taxonomia, mostrou seu humor irônico quando descreveu a *Linnaea boralis*, planta que recebeu seu nome: "*Linnaea* foi nomeada pelo famoso Gronovius e é uma planta da Lapônia, humilde, insignificante, ignorada; ela floresce, mas por um tempo curto – de Lineu, que se assemelha a ela".

A Teoria Cinética dos Gases

1738 -1860
Suíça
Escócia

Daniel Bernoulli (1700-1782)
James Clerk Maxwell (1831-1879)

Os gases são compostos por moléculas que estão em constante movimento aleatório, e suas propriedades dependem desse movimento.

A teoria também fornece um modelo para os outros dois estados da matéria – líquidos e sólidos.

Bernoulli propôs uma "Teoria de Bombardeio" que afirmava que um gás é composto por pequenas partículas em movimento rápido e aleatório. Essas partículas em movimento produziriam pressão ao bombardear o recipiente. Aquecer o gás faria com que suas partículas se movessem mais rapidamente. Cento e vinte anos mais tarde, Maxwell transformou as ideias de Bernoulli em uma teoria matemática rigorosa. Usando palavras simples, o volume de um gás é simplesmente o espaço através do qual as moléculas estão livres para se mover. Colisões das moléculas entre si e com as paredes de um recipiente são perfeitamente elásticas. Portanto não resultam na diminuição da energia cinética.

A energia cinética média de um gás fica maior com o aumento da temperatura e é reduzida com a diminuição da temperatura. Hoje, essa teoria foi ampliada para abranger também líquidos e sólidos (ver diagrama).

Veja também as Equações de Maxwell (p. 104) e o Princípio de Bernoulli (p. 47).

Gás: desordem extrema: as moléculas se movem com grande velocidade

Líquido: alguma desordem: as moléculas têm liberdade para se mover

Sólido: alto grau de organização: as moléculas só vibram

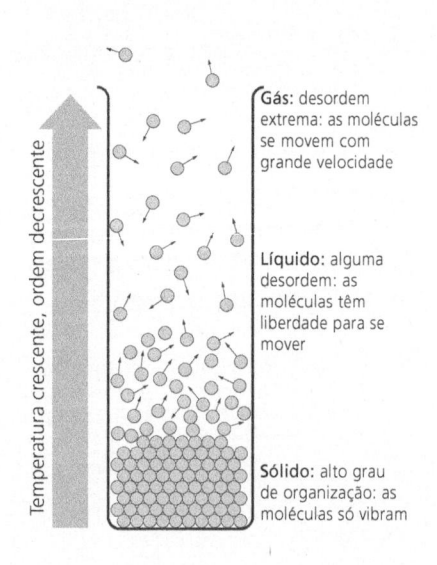

Moléculas nos três estados da matéria

O Princípio de Bernoulli
Daniel Bernoulli (1700-1782)

1738

Suíça

Conforme a velocidade de um líquido ou de um gás aumenta, sua pressão diminui; quando a velocidade diminui, sua pressão aumenta.

O princípio é expresso por uma equação complexa, mas pode ser resumido dizendo apenas que quanto mais rápido for o fluxo, menor será a pressão.

O Princípio de Bernoulli tem muitas aplicações. Por exemplo, é utilizado no projeto de asas de aviões. A superfície curva superior da asa é maior do que a inferior, obrigando o ar a viajar mais longe e mais rápido na parte de cima da asa em relação à parte de baixo (ver diagrama). Portanto, a pressão de ar por baixo é maior do que na superfície da asa, gerando uma força para cima, chamada de "sustentação".

Se há uma constrição estreita (uma garganta) em um encanamento ou um tubo, a velocidade de um gás ou líquido é aumentada nessa constrição, mas a pressão é reduzida, de acordo com o Princípio de Bernoulli. Este é o chamado **Efeito Venturi** (e um cano ou tubo com uma constrição estreita é chamado de **Tubo de Venturi**), assim denominado por causa do cientista italiano G.B. Venturi (1746-1822), primeiro a observar tal efeito em constrições nos canais de água. Um frasco de perfume ou *spray* atomizador opera usando o mesmo princípio.

Bernoulli pertencia a uma família de cientistas notáveis. Seu pai Johann e seu tio Jakob foram eminentes matemáticos. Cinco outros membros da família Bernoulli também foram cientistas.

Veja também a Teoria Cinética dos Gases (p. 46).

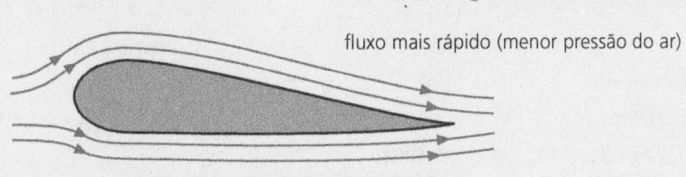

fluxo mais rápido (menor pressão do ar)

fluxo mais lento (maior pressão do ar)

1742
Suécia

A Escala de Temperatura Celsius
Anders Celsius (1701-1744)

A diferença de temperatura entre o ponto de congelamento e o ponto de ebulição da água é de cem graus.

A escala foi chamada de Escala de Graus Centígrados ("cem graduações"), mas passou a ser chamada de Escala Celsius em 1969.

Celsius foi um astrônomo, mas não é conhecido por suas observações astronômicas, que incluem observações de eclipses, determinação do brilho de 300 estrelas e a observação sistemática da aurora boreal (as belas luzes coloridas que surgem no céu do extremo norte).

Sua maior realização é a escala de temperatura que ele elaborou. Em sua versão original, havia atribuído 0 para o ponto de ebulição da água e 100 para o ponto de fusão do gelo. Depois de sua morte, Carlos Lineu (p. 45) inverteu a escala para sua forma atual. Em 1969, a *Conférence Générale des Poids et Mesures*, o organismo internacional responsável pelo Sistema Internacional de Unidades, decretou que a escala centígrada deveria ser chamada de "Escala Celsius".

O professor Celsius (ele foi nomeado professor em Uppsala, quando tinha apenas 29 anos de idade) pode descansar em paz porque um anagrama possível de seu nome, "Anders Celsius", é "Scale's in use, Dr." (em inglês, "a escala está sendo usada, Dr."), e sua escala de fato está sendo usada no mundo inteiro. No entanto, a **Escala Fahrenheit** ainda é usada em muitos países, incluindo os EUA. Nessa escala, introduzida em 1724 pelo físico holandês-alemão Gabriel Fahrenheit (1686-1736), o ponto de congelamento da água é de 32° e o ponto de ebulição 212°. Para uso científico, a Escala Kelvin (p. 94) é a preferida.

A Garrafa de Leyden
Pieter van Musschenbroek (1692-1761)
Ewald Jurgen von Kleist (1700-1748)

1745-1746

Holanda
Alemanha

A eletricidade produzida por máquinas eletrostáticas pode ser armazenada em uma garrafa.

Em termos modernos, A Garrafa de Leyden é um capacitor ou condensador: **um dispositivo usado para armazenar carga elétrica.**

Em 1732, Stephen Gray (c. 1666-1736), um cientista inglês, descobriu que uma carga elétrica pode ser conduzida por longas distâncias. Também classificou várias substâncias como condutores ou isolantes de eletricidade. Ele constatou que os melhores condutores seriam metais e, assim, introduziu o uso dos fios elétricos. Também inventou um engenhoso experimento para mostrar que o corpo humano é um bom condutor. Colocou seu criado (descrito como "um rapaz robusto" por muitos cronistas da época) deitado de barriga para baixo em uma prancha de madeira suspensa no ar por fios de seda presos no teto. Depois carregou uma vareta de vidro grossa, esfregando-a contra uma almofada de seda, e encostou-a nas solas dos pés do rapaz. Quando o assistente de Gray tocava a cabeça do rapaz com o dedo, sentia uma sensação de formigamento, demonstrando que o corpo humano era um condutor.

Em meados do século 18, as máquinas eletrostáticas substituíram os bastões de vidro na geração de eletricidade. Uma máquina típica consistia de um cilindro de vidro apoiado em pivôs; o cilindro podia ser girado por uma manivela. Quando girado, o cilindro era friccionado contra um acolchoado de seda e ficava carregado devido à fricção.

Em 1746, Musschenbroek, um professor de Leyden, na Holanda, realizou uma "experiência terrível", na qual prendeu uma extremidade de uma corrente de bronze a uma máquina eletrostática, o meio da corrente ao cano de uma espingarda e mergulhou a outra extremidade em um garrafão de vidro cheio de água. Seu assistente, Andreas Cunaeus, estava segurando o frasco enquanto Musschenbroek girava a manivela da máquina. A carga passou da máquina para o cano da arma e depois para o frasco. Sem se dar conta, enquanto ainda girava a máquina com a mão direita, Musschenbroek encostou sua mão esquerda na corrente de bronze mergulhada no garrafão. O choque que recebeu foi tão forte que ficou paralisado por alguns instantes. "Nem mesmo por todo o reino da França eu levaria um segundo choque", declarou mais tarde Musschenbroek, apavorado. Mas tinha realizado a importante descoberta que a eletricidade pode ser armazenada em um recipiente com água. Cerca de um ano antes, von Kleist, um cientista alemão, havia descoberto o mesmo princípio de forma independente. Em versões

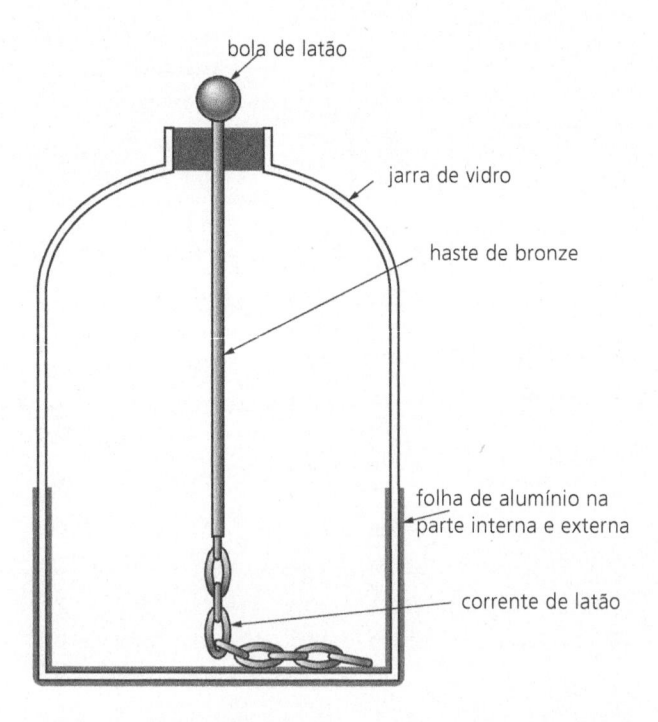

- bola de latão
- jarra de vidro
- haste de bronze
- folha de alumínio na parte interna e externa
- corrente de latão

posteriores do frasco, que ficou conhecido como A Garrafa de Leyden, a água foi substituída por uma folha de cobre na parte interna e externa do frasco (ver figura).

A Garrafa de Leyden tornou-se uma novidade para divertimento. Em feiras, nas aldeias, mágicos usavam a "eletricidade de uma garrafa" para surpreender e divertir os moradores. O abade Nollet (1700-1770), um cientista francês, realizou uma série de experiências curiosas com A Garrafa de Leyden. Certo dia, em 1746, na presença de Luís XV e sua corte, Nollet montou seu equipamento no Palácio de Versalhes e ordenou que 180 soldados dessem as mãos e formassem um círculo com uma pequena brecha. O primeiro soldado da linha segurou o terminal de uma Garrafa de Leyden. Quando pediram que o último soldado da linha tocasse na parte externa da garrafa, todos os 180 soldados saltaram simultaneamente quando a carga elétrica os atravessou. Em outra demonstração pública, Nollet transmitiu uma carga elétrica através de uma linha de 300 m formada por monges, cada um ligado ao outro por um curto fio de ferro, obtendo resultados semelhantes.

Veja também a Lei de Coulomb (p. 54).

A Lei de Bode
Johann Bode (1747-1826)

1772
Alemanha

Os números da série 0, 3, 6, 12, 24, 48, 96, quando somados a 4 e divididos por 10, produzem a série 0,4; 0,7; 1,0; 1,6; 2,8; 5,2; 10 que fornece as distâncias dos planetas em relação ao Sol em unidades astronômicas.

A série representa corretamente as distâncias dos seis planetas conhecidos na época, exceto para a posição 2,8.

Quando o astrônomo alemão e britânico William Herschel (1738-1822) descobriu um novo planeta, Urano, em 1781, este também se enquadrava na Lei de Bode: continuando a série e duplicando o valor de 96 correspondente a Saturno, obtinha-se 192 que, adicionado a 4 e dividido por 10, dá 19,6 – bastante próximo de 19,2, a distância real entre Urano e o Sol em unidades astronômicas (uma unidade astronômica é a distância média do centro da Terra ao centro do Sol, cerca de 150 milhões de quilômetros).

Bode sugeriu um novo planeta para o vazio em 2,8, mas, em 1801, o primeiro asteroide, Ceres, foi descoberto entre Marte e Júpiter, ocupando a posição de 2,8. Os planetas Netuno e Plutão, descobertos em 1846 e 1930, respectivamente, também não se encaixam nas posições previstas pela Lei de Bode. Suas distâncias médias – 30 e 39,2 unidades astronômicas – são diferentes das distâncias previstas pela Lei de Bode: 38,8 e 77,2.

A Teoria da Fotossíntese de Ingenhousz

Jan Ingenhousz (1730-1799)

1779

Holanda

As plantas verdes absorvem dióxido de carbono e liberam oxigênio, mas apenas quando há luz. As plantas revertem esse processo durante a noite.

O processo é agora conhecido como "fotossíntese" (que significa "combinar usando a luz"). A fotossíntese permite que as plantas utilizem o carbono do dióxido de carbono para crescer.

A fotossíntese é o mais importante processo químico da natureza: fornece oxigênio para a atmosfera e alimento para as plantas que, direta ou indiretamente, fornecem energia para a maioria dos seres vivos. Desde que Ingenhousz descobriu o princípio básico da fotossíntese, muitas outras coisas foram descobertas a respeito. Dois tipos de reações ocorrem nas plantas: nas reações com a presença da luz, a energia solar é absorvida pela clorofila, um pigmento verde, e convertida em energia química, e a água é dividida em oxigênio e hidrogênio. Nas reações que ocorrem na escuridão, o dióxido de carbono é convertido em açúcar. Assim, a fotossíntese converte a energia solar em energia química de que as plantas precisam para alterar compostos com pouca energia – como o dióxido de carbono e a água – em substâncias ricas em energia, como o açúcar e o oxigênio.

Hoje, os cientistas estão trabalhando em formas de criar sistemas de fotossíntese artificial para explorar a energia solar. Teoricamente, a energia solar pode ser aproveitada a partir desses sistemas de duas formas diferentes: seja como elétrons (ou seja, eletricidade) ou como hidrogênio (um combustível não poluente que pode ser usado para o aquecimento ou para produzir eletricidade). Se os cientistas tiverem sucesso em reproduzir a fotossíntese, um dia teremos uma nova fonte de energia renovável que não polui o ambiente.

Veja também o Ciclo de Calvin da Fotossíntese (p. 182).

1785

França

A Lei de Coulomb
Charles de Coulomb (1736-1806)

A força de atração ou repulsão entre duas cargas é diretamente proporcional ao produto das duas cargas e inversamente proporcional ao quadrado da distância entre elas.

A região em torno de um objeto carregado onde ele exerce uma força é conhecida como seu campo elétrico. Outro objeto carregado que seja colocado nesse campo terá uma força exercida sobre ele. A Lei de Coulomb é usada para calcular essa força.

Em 1733, Charles François du Fay (1698-1739), um botânico francês, observou que diferentes tipos de cargas eram produzidas pela fricção de vidro e pela fricção de resina vegetal: uma folha de ouro eletrificada por meio de um tubo de vidro carregado era repelida pelo vidro, mas atraído pela resina de goma friccionada. Ele realizou experimentos adicionais que mostraram que o âmbar carregado era atraído por alguns corpos carregados, mas repelido por outros. Concluiu, então, que havia dois tipos de eletricidade. Chamou uma delas de "vítrea" (de vidro) e a outra de "resinosa"(de âmbar e resinas). Mais tarde essas cargas foram denominadas positivas e negativas e se mostrou que cargas do mesmo tipo se repelem e cargas opostas se atraem.

Coulomb, físico francês, fez um estudo detalhado das atrações e repulsões elétricas entre os diversos corpos carregados e concluiu que as forças elétricas seguem o mesmo tipo de lei que a gravitação (p. 39). A unidade de carga elétrica, coulomb (C), é assim nomeada em sua homenagem.

Veja também a Garrafa de Leyden (p. 49).

O Princípio Uniformitário de Hutton
James Hutton (1726-1797)

1785
Escócia

Os fenômenos geológicos da Terra podem ser explicados em termos de processos naturais tais como o ciclo de erosão e soerguimento. Esses processos estão em andamento sobre a Terra e dentro dela e têm operado com uniformidade em geral durante um tempo extremamente longo.

A Terra mudou gradualmente por meio de processos naturais, e continuará a mudar pelos mesmos processos. A descoberta de uniformitarismo marcou uma virada na geologia: foi a partir daí que a geologia tornou-se uma ciência, e Hutton é hoje lembrado como seu "fundador".

Hutton foi treinado como um médico, mas fez sua fortuna como fazendeiro. Enquanto se dedicava à agricultura, tornou-se fascinado por solos, rochas e superfícies deslizantes da Terra. Desistiu da agricultura em 1768 para aprofundar seu interesse pela geologia. Naquela época, os cientistas acreditavam que o planeta Terra tinha apenas alguns milhares de anos e que somente cataclismos naturais poderiam alterar suas características. Hutton sugeriu que o principal agente de mudanças era o calor interno da Terra e propôs o uniformitarismo, que exigia uma enorme extensão de tempo. O ditado de Hutton – "não encontramos nenhum vestígio de um começo, nenhuma perspectiva de um fim" – levou-o a ser denunciado como ateu.

O artigo original de Hutton, apresentado à Royal Society de Edimburgo, em 1785, atraiu pouco interesse. Em 1795 ele publicou suas ideias em um livro, *Teoria da Terra*, que também foi ignorado por seus contemporâneos. O princípio de Hutton foi retomado e expandido por Lyell, em 1830 (p. 77).

A Lei de Charles
Jacques Charles (1746-1823)

1787
França

O volume de uma massa específica de um gás a uma pressão constante é diretamente proporcional a sua temperatura absoluta.

Em outras palavras, se você dobrar a temperatura de um gás, você dobra seu volume. Em forma de equação, V/T = constante, ou $V_1/T_1 = V_2/T_2$, onde V_1 é o volume do gás a uma temperatura T_1 (em Kelvin) e V_2, o novo volume em uma nova temperatura T_2.

Em 27 de agosto de 1783, Charles, com os irmãos Robert, fez a primeira subida tripulada em um balão de gás. O balão cheio de hidrogênio ascendeu sobre Paris e chegou a uma altura de cerca de mil metros. Em voos posteriores, Charles subiu a 3 mil m. O interesse de Charles pelos gases levou-o a descobrir sua famosa lei que, junto com a lei de Boyle (p. 35), ainda é conhecida por todos os estudantes de química.

Essas duas leis podem ser expressas em uma única equação, pV/T = constante. Se também incluirmos a lei de Avogadro (p. 70), a relação se tornaria pV/nT = constante, onde n é o número de "moles", relacionado ao número de moléculas. A constante nessa equação é chamada de "constante do gás" e representada por R. A equação – conhecida como a **equação do gás ideal** – é geralmente escrita como $PV = nRT$. A rigor, aplica-se apenas aos gases ideais. Um gás ideal obedece a todos os pressupostos da Teoria Cinética dos Gases (p. 46). Não existem gases ideais na natureza, mas, sob certas condições, todos os gases reais se aproximam de um comportamento ideal.

A Lei de Lavoisier da Conservação da Massa
Antoine Lavoisier (1743-1794)

1789
França

Em uma reação química, a massa total das substâncias da reação é igual à massa total dos produtos formados.

A massa não é criada nem destruída durante mudanças químicas. Essa lei continua válida até hoje.

Lavoisier foi a primeira pessoa a provar que a água e o ar não são elementos, como se acreditou por séculos, mas compostos químicos. Também refutou a teoria do flogístico, uma opinião amplamente difundida de que, quando se queimam, as substâncias emitem "flogísticos", uma substância sem peso. Quando os metais, que eram considerados ricos em flogísticos, eram queimados no ar, transformavam-se em um pó chamado calx (agora conhecido como óxido). Essa perda de peso era explicada como a perda de flogístico. Lavoisier mostrou que a combustão era uma reação química na qual um combustível se combinava com o oxigênio. Por suas experiências pioneiras, Lavoisier é hoje lembrado como o pai da química moderna.
A esposa de Lavoisier, Marie-Anne Pierrette Paulze, ajudou-o em muitos de seus trabalhos experimentais e ilustrou seu famoso livro, *Traité élémentaire de Chimie* (Tratado elementar de Química).

Lavoisier também esteve envolvido na cobrança de impostos do governo. Durante a Revolução Francesa, Lavoisier e a maioria dos cobradores de impostos foram condenados à morte. No julgamento de Lavoisier, foi feito um pedido de que a sentença fosse adiada por alguns dias, o que lhe permitiria concluir algumas experiências importantes. "A República não precisa de cientistas, e a justiça deve seguir seu curso", respondeu o tribunal. Lavoisier foi guilhotinado.

O Conceito de Galvani e Volta de Corrente Elétrica

1791-1799
Itália

Luigi Galvani (1737-1798)
Alessandro Volta (1745-1827)

> Galvani: uma corrente elétrica é produzida quando um tecido animal entra em contato com dois metais diferentes. Volta: uma corrente elétrica não é dependente de um tecido animal e pode ser produzida por substâncias químicas.

Naturalmente, Galvani estava errado e Volta estava certo.

Galvani, um distinto professor de anatomia da Universidade de Bolonha, na Itália, escreveu em 1792: "Eu sou atacado por dois grupos opostos: os doutos e os ignorantes. Ambos riem de mim, e me chamam de Mestre do Sapo. Ainda assim, sei que descobri uma das forças da natureza". Sim, é verdade que ele descobriu uma força da natureza – a corrente elétrica.

Certo dia, a esposa de Galvani estava doente. O médico prescreveu a sopa de rã. Galvani decidiu fazer a sopa ele mesmo. As experiências dos maridos na cozinha são dignas de registro. Ele escreveu em seu diário: "Sentado em minha varanda, cortei algumas rãs e pendurei suas pernas, que tinha separado de seus corpos, em uma balaustrada de ferro, na minha frente, por meio de ganchos de cobre que eu usava em meus experimentos. De repente, vi com espanto as coxas de rã agitando-se convulsivamente cada vez que tocavam, por acaso, o ferro da balaustrada".

Não se sabe com que rapidez a Signora Galvani se recuperou depois de tomar a sopa de rã preparada pelo marido adorado, mas está registrado na história da ciência que as observações do marido abriram o caminho para a descoberta da corrente elétrica. Galvani tentou uma série de experiências e, finalmente, concluiu que havia descoberto a "eletricidade animal". Expôs a teoria de que os músculos das rãs eram a fonte da eletricidade. Em 1791, publicou suas descobertas em um livro *(Comentário sobre o efeito da eletricidade no movimento muscular)*.

Durante muitos anos, diversos cientistas realizaram experiências em pernas de rãs sem se importar com o descontentamento dos *gourmets*, assim criando uma escassez artificial de rãs. Um deles foi Volta. Ele não conseguia encontrar eletricidade alguma nas pernas de rã e, portanto, rejeitou a teoria de Galvani sobre a "eletricidade animal". Observou corretamente que os metais eram a fonte de eletricidade, não as coxas das rãs. O método de Volta de produzir corrente elétrica envolvia o uso de discos de cobre e zinco mergulhados em uma tigela com solução salina. Ele raciocinou que uma carga muito maior podia ser produzida empilhando vários discos separados por papelão embebido em água salgada. Ao ligar os fios em cada extremidade da "pilha", ele obteve uma corrente constante. A "pilha voltaica" foi a primeira fonte de eletricidade eletrolítica da história.

Volt, a unidade de potencial elétrico, é assim designado em homenagem a Volta. E, embora a teoria de Galvani sobre a "eletricidade animal" não tenha tido qualquer importância, ele também conseguiu a imortalidade nominal: como "volt", as palavras "galvanizado" (literal: ferro ou aço revestido com zinco; metafórico: energizado, eletrizado) e "galvanômetro" (um instrumento para a detecção de pequenas correntes) tornaram-se parte de nossa linguagem cotidiana.

Veja também a Lei de Ohm (p. 76).

1798

Inglaterra

A Teoria de Rumford sobre o Calor

Benjamin Thompson (1753-1814; conhecido como Conde Rumford)

O trabalho mecânico pode ser convertido em calor. Calor é a energia do movimento das partículas.

Outros desenvolvimentos científicos reforçaram a Teoria de Rumford. Hoje, sabemos que o calor é uma forma de energia associada ao movimento aleatório de átomos ou moléculas. A temperatura é uma medida dessa energia em um objeto.

No século 18, os cientistas imaginavam o calor como o fluxo de uma substância fluida chamada "calórico". Cada objeto continha certa quantidade de calórico. Se o calórico fluísse para fora, a temperatura do objeto cairia; se mais calórico entrasse no objeto, sua temperatura aumentaria. Mas a teoria calórica não conseguia explicar a produção de calor por atrito.

Durante a perfuração de um canhão, Thompson ficou surpreso ao perceber que isso produzia uma grande quantidade de calor. Ele concebeu um experimento no qual colocou o cano de bronze de uma arma e uma broca de aço sem ponta em uma caixa de madeira cheia de água. Dois cavalos giraram o cano durante duas horas e meia. "Seria difícil descrever a surpresa e o espanto expresso no semblante dos espectadores ao ver uma quantidade tão grande de água fria aquecida, chegando até mesmo a ferver, sem que houvesse fogo", escreveu ele.

Rumford, nascido nos Estados Unidos, foi provavelmente uma das figuras mais pitorescas da ciência do século 19. Entre outras coisas, fundou a Royal Institution em Londres e inventou o calorímetro, um dispositivo para medir o calor.

O Princípio Malthusiano da População
Thomas Malthus (1766-1834)

1798
Inglaterra

Se nada for feito, a população humana irá crescer geometricamente (1, 2, 4, 8, 16...), enquanto a oferta de alimentos só poderia crescer aritmeticamente (1, 2, 3, 4,5...). Em dois séculos a proporção entre a população e a oferta de alimentos seria de 256 para 9. (Em uma série aritmética de números, há uma diferença constante entre qualquer número e seu sucessor, enquanto que, em uma série geométrica, cada número é um múltiplo constante do número anterior.)

Essa previsão sombria nunca se tornou uma realidade, sobretudo devido aos grandes avanços na tecnologia agrícola. Mesmo no século 21 as ideias malthusianas não foram esquecidas, contudo. Formam os alicerces da teoria moderna sobre a relação entre a economia, a população e o meio ambiente.

Quando Malthus publicou seu *Ensaio sobre o Princípio da População*, atraiu grande atenção do público, e a obra colocou seu autor, pároco de um vilarejo sem importância, no centro de um polêmico debate político sobre a população. O ensaio foi denunciado como profano, ateu e subversivo para a ordem social.

"Mas a ciência se amplia tão rápido quanto a população... nas condições mais normais, também cresce em progressão geométrica. E o que é impossível para a ciência?", comentou o cofundador do comunismo Friedrich Engels, ao criticar o ensaio de Malthus por estar subestimando o elemento científico. Ironicamente, o ensaio teve uma profunda influência sobre o progresso da ciência. Ele inspirou Darwin em sua formulação da Teoria da Evolução (p. 100). Em seu livro *A origem das espécies,* Darwin escreveu que sua teoria "é a doutrina de Malthus aplicada com grande vigor a todo o reino animal e vegetal".

A Lei de Proust da Composição Constante

1799
França

Joseph-Louis Proust (1754-1826)

Compostos químicos contêm elementos em proporções definidas pela massa.

Nos livros de química esta lei é hoje simplesmente enunciada como a Lei da Composição Constante ou Lei das Proporções Definidas.

Claude Louis Berthollet (1748-1822), na época o líder reconhecido da ciência na França, rejeitou a Lei de Proust. Berthollet acreditava que a força de afinidade química, como a gravidade, deveria ser proporcional às massas das substâncias atuantes. Ele sugeriu que a composição dos compostos químicos poderia variar amplamente. Proust demonstrou que os experimentos de Berthollet não foram realizados com compostos puros, mas sim com misturas. Assim, pela primeira vez foi feita uma clara distinção entre misturas e compostos.

Quando Dalton propôs sua Teoria Atômica (p. 67), a Lei de Proust também confirmava a Teoria Atômica. De acordo com esta, os átomos sempre se combinam em proporções simples formadas por números inteiros. Por exemplo, todas as moléculas de água são similares, consistindo de dois átomos de hidrogênio e um átomo de oxigênio. Portanto, toda a água tem a mesma composição. A Lei de Proust também foi confirmada por experimentos. Por exemplo, a água sempre contém 11,2% de hidrogênio e 88,8% de oxigênio.

Em tempos recentes, os químicos descobriram certos compostos raros em que os elementos não se combinam em proporções simples formadas por números inteiros. Esses compostos são conhecidos como "bertolídeos." Em contraste, os compostos em que os elementos se combinam em proporções simples de um número inteiro são muitas vezes referidos como "daltonídeos".

A Lei de Dalton de Pressões Parciais
John Dalton (1766-1844)

1801
Inglaterra

A pressão total de uma mistura de gases é a soma das pressões parciais exercidas por cada um dos gases na mistura.

Cada gás em uma mistura de gases exerce uma pressão que é igual à pressão que exerceria se estivesse presente sozinho no recipiente. Essa pressão é denominada pressão parcial.

Dalton era um ardoroso meteorologista amador e manteve um diário que continha 20 mil observações meteorológicas durante 57 anos, até um dia antes de morrer. Essas observações o levaram ao estudo dos gases. Sua Lei das Pressões Parciais contribuiu para o desenvolvimento da Teoria Cinética dos Gases (p. 46).

Dalton era filho de um humilde *quaker* no minúsculo povoado inglês de Eaglesfield. Ele foi educado na escola do povoado e cedo demonstrou um talento promissor em matemática e ciências. Com seus vinte e poucos anos, ele assumiu um cargo como professor de matemática em Manchester, onde passou o resto de sua vida fazendo pesquisas científicas. Foi a primeira pessoa a fazer estudos sérios sobre a discromatopsia, da qual sofria. É por isso que essa perturbação visual é muitas vezes chamada de "daltonismo". Quando morreu, mais de 40 mil pessoas foram prestar suas últimas homenagens a um homem modesto e um grande gênio.

Veja também a Teoria Atômica de Dalton (p. 67).

1801

Inglaterra

O Princípio da Interferência de Young
Thomas Young (1773-1829)

A interferência entre as ondas pode ser construtiva ou destrutiva.

O Princípio de Young deu continuidade à Teoria da Luz como onda elaborada por Newton e Huygens. Outros avanços viriam com Einstein e Planck.

A Teoria Ondulatória de Huygens (p. 42) ficou esquecida por mais de um século, até ser retomada por Young no início do século 19. Young rejeitou o conceito newtoniano de que, se a luz consistisse de ondas, ela não iria viajar em uma linha reta e, portanto, sombras definidas não seriam possíveis. Ele disse que, se o comprimento de onda da luz fosse extremamente pequeno, a luz não iria se espalhar em torno dos cantos, e as sombras pareceriam definidas. Seu princípio da interferência forneceu uma forte evidência para apoiar a teoria ondulatória.

Ele ilustrou esse princípio com um experimento simples, hoje conhecido por todos os estudantes de física como a experiência de Young da fenda dupla. No experimento original, Young permitiu que um feixe de luz solar entrasse em uma sala escura através de um furo de alfinete. O feixe passava, em seguida, por duas pequenas fendas estreitas e próximas em uma máscara de papelão. Você esperaria ver duas luzes brilhantes em uma tela colocada atrás das fendas. Mas Young observou que, em vez disso, havia uma série alternada de listras claras e escuras. Young explicou essas listras, hoje conhecidas como franjas de interferência, como o efeito produzido quando uma onda de luz interfere com outra onda de luz. Duas ondas idênticas viajando juntas ou se reforçam mutuamente (interferência construtiva) ou se anulam mutuamente (interferência destrutiva). Esse efeito é semelhante ao padrão produzido quando duas pedras são jogadas em uma superfície de água.

A experiência de Young provou conclusivamente que a luz consistia de ondas, mas o brilhante Young – ele sabia ler aos dois anos de idade e era fluente em 14 línguas quando chegou aos 14 anos – não forneceu nenhuma explicação matemática para sua teoria. Esse trabalho foi feito pelo físico francês Augustin Fresnel (1788-1827). A Teoria Ondulatória foi posteriormente expandida por Einstein em 1905, quando ele demonstrou que a luz é transmitida como partículas minúsculas, ou fótons, como são chamadas, em vez de ondas. A visão atual da natureza da luz é baseada na Teoria Quântica (p. 130): a luz, como radiação eletromagnética, é constituída por fótons que interagem com partículas como se também fossem partículas, mas que ao se deslocar se comportam como ondas. Isso é conhecido como "dualidade onda-partícula".

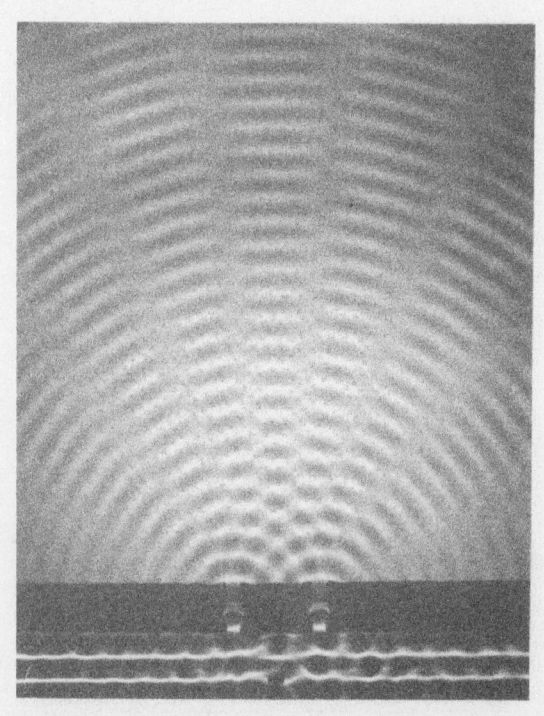

Um padrão de interferência complexo, mostrando simultaneamente interferências construtivas e destrutivas.

1802

Inglaterra

A Classificação de Howard das Nuvens
Luke Howard (1772-1864)

Todos os tipos de nuvens podem ser classificados em três famílias básicas: cirrus (similares ao cabelo), cumulus (blocos ou flocos) e stratus (camadas). Há tipos intermediários e compostos: cirrocumulus, cirrostratus, cumulostratus e cumulocirrostratus ou nimbus (as nuvens de chuva).

O sistema de classificação contemporâneo baseia-se nessas famílias básicas.

Howard, um meteorologista amador, apresentou sua classificação (que ele chamou de "modificações das nuvens") em uma palestra em 1802. Um relato detalhado foi publicado no *Philosophical Magazine*, em 1803. A Teoria de Howard foi prontamente aceita por cientistas de seu tempo e ele foi festejado como uma celebridade científica.

O primeiro *International Cloud Atlas* – Atlas Internacional de Nuvens –, publicado em 1896, classificava as nuvens de acordo com a altitude, mas usava a nomenclatura de Howard. Nessa classificação em dez níveis, as nuvens mais altas eram classificadas como "nove" [é por isso que, em inglês, a expressão *"on cloud nine"* – literalmente, "na nona nuvem" – significa muito feliz]. A edição de 1995 do *Atlas* lista os termos para nuvens que estão em uso corrente, como mostra a tabela abaixo.

Nuvens altas	Nuvens Médias	Nuvens baixas	Nuvens que se estendem pelas três faixas de altitude
(suas bases se encontram acima de 6 km)	(entre 2 e 6 km)	(abaixo de 2 km)	10. cúmulo-nimbo
1. cirro	4. alto-cúmulo	7. estrato-cúmulo	
2. cirro-cúmulo	5. alto-estrato	8. estrato	
3. cirro-estrato	6. nimbo-estrato	9. cúmulo	

A Teoria Atômica de Dalton
John Dalton (1766-1844)

1808

Inglaterra

Toda a matéria é composta de átomos que não podem ser criados, destruídos ou divididos. Átomos de um elemento são idênticos, mas diferem daqueles de outros elementos. Todas as alterações químicas são resultado da combinação ou separação dos átomos.

Hoje sabemos que os átomos não são indestrutíveis nem indivisíveis.

Atualmente, a ideia de átomos é quase "senso comum", mas, quando Dalton publicou sua Teoria Atômica, muitos cientistas de sua época zombaram da ideia. Humphry Davy (1778-1829), o químico mais famoso da Inglaterra, considerou a Teoria Atômica "uma coleção de absurdos". O químico francês Claude Berthollet (1748-1822) se declarou apenas "cético". Alguns chegaram a dizer que Dalton estava sofrendo de alucinações, imaginando bolinhas de átomos. Em poucos anos, contudo, o pensamento científico adotou a ideia de átomos. Sabemos hoje que a Teoria de Dalton fornece um dos pilares sobre os quais a ciência da Química repousa.

Dalton examinou várias substâncias em que dois elementos formam mais de um tipo de composto e concluiu que, se dois elementos A e B se combinam para formar mais de um composto, as diferentes massas de A que se combinam com uma massa fixa de B se encontram numa razão simples expressa por um número inteiro. Essa lei é conhecida como a **Lei das Proporções Múltiplas**.

Veja também a Teoria Atômica de Demócrito (p. 9); e a Lei de Dalton de Pressões Parciais (p. 63).

1808
França

A Lei de Gay-Lussac da combinação de volumes
Joseph Louis Gay-Lussac (1778-1850)

Volumes de gases que se combinam ou que são produzidos em reações químicas estão sempre na proporção de números inteiros e pequenos.

Por exemplo, um volume de nitrogênio e três volumes de hidrogênio produzem dois volumes de amônia. Esses volumes estão na relação de números inteiros de 1:3:2.

Gay-Lussac foi um grande experimentador, e sua lei foi baseada em testes extensivos, mas ele nunca se preocupou em explicar por que os gases comportam-se da forma sugerida por sua lei. A explicação, no entanto, veio de Avogadro (p. 70).

Em 1805, Gay-Lussac trabalhou com o explorador alemão Alexander von Humboldt (1769-1859) numa série de experiências para descobrir a proporção em que o hidrogênio e o oxigênio se combinam para formar água. Para alguns dos experimentos, precisavam de frascos de vidro especiais, de paredes finas, que tinham que ser importados da Alemanha. Naquela ocasião, os impostos franceses sobre as importações eram muito elevados e, para evitá-los, Humboldt, sempre genial, teve uma ideia: instruiu os vidreiros alemães a selar o pescoço longo dos frascos e escrever: "Ar alemão: Manusear com cuidado". Quando os frascos chegavam à França, os funcionários, perplexos, não conseguiam encontrar "Ar alemão" em sua lista de mercadorias sujeitas a tributações, então deixavam os navios passar. Talvez, de alguma forma, a engenhosidade de Humboldt tenha ajudado a formular a lei que todos os estudantes de química têm que condensar.

A Teoria de Lamarck
Jean-Baptiste Lamarck (1744-1829)

1809

França

Características adquiridas por uma geração podem ser herdadas pela próxima.

A Teoria de Lamarck foi rejeitada depois da publicação das Teorias de Darwin (p. 100) e Mendel (p. 105).

A teoria de Lamarck está indissociavelmente ligada ao pescoço da girafa. Os autores de livros-texto apelam ao longo pescoço da girafa para explicar a teoria de Lamarck: girafas ancestrais tinham pescoços curtos que esticavam frequentemente para alcançar a folhagem das árvores de grande porte. O pescoço um pouco mais longo, adquirido dessa forma, era passado a seus descendentes. Eventualmente, a continuidade da herança de pescoços ligeiramente mais longos deu origem às girafas contemporâneas de pescoço longo.

Em seu livro *Philosophie zoologique*, publicado em 1809, o ano em que Darwin nasceu, Lamarck forneceu inúmeros exemplos para ilustrar sua teoria: como a garça adquiriu suas longas pernas, a girafa, seu longo pescoço, o tamanduá, sua língua comprida e assim por diante. "É interessante observar o resultado do hábito na forma peculiar e no tamanho da girafa", escreve ele. "Esse animal, o maior dos mamíferos... come as folhas das árvores e é obrigado a fazer constantes esforços para alcançá-las. A partir desse hábito, mantido por muito tempo em toda sua raça... o pescoço é alongado, a tal ponto que a girafa, de pé sobre as patas traseiras, atinge uma altura de 6 m." Seus colegas biólogos, no entanto, rejeitaram suas ideias como "especulação não científica e inútil".

1811

Itália

A Lei de Avogadro
Amedeo Avogadro (1776-1856)

Volumes iguais de todos os gases à mesma temperatura e pressão contêm o mesmo número de moléculas.

Ainda que estivesse correta, a Lei de Avogadro passou despercebida por seus pares durante quase 50 anos.

Em 1811, quando Avogadro propôs sua lei, sabia-se muito pouco sobre átomos e moléculas. Avogadro percebeu que a Lei de Gay-Lussac (p. 68) fornecia uma maneira de provar que um átomo e uma molécula não eram a mesma coisa. Ele sugeriu que as partículas (agora conhecida como moléculas) que compõem o gás de nitrogênio são constituídas por dois átomos – dessa forma, a molécula de nitrogênio é N_2. Da mesma forma, a molécula de hidrogênio é H_2. Quando um volume (uma molécula) de nitrogênio se combina com três volumes (três moléculas) de hidrogênio, dois volumes (duas moléculas) de amônia, NH_3, são produzidos. Contudo, a ideia de uma molécula composta por dois ou mais átomos ligados entre si não foi compreendida pelos químicos da época. A Lei de Avogadro foi esquecida até 1858, quando o químico italiano Stanislao Cannizzaro (1826-1910) explicou a necessidade de distinguir entre átomos e moléculas.

Da Lei de Avogadro, pode-se deduzir que o mesmo número de moléculas de todos os gases à mesma temperatura e pressão devem ter o mesmo volume. Esse número já foi determinado experimentalmente: seu valor é $6{,}0221367 \times 10^{23}$, e o chamamos de **Número de Avogadro** (ou Constante de Avogadro). Todo estudante de química conhece esta pedra fundamental dessa ciência.

A Teoria de Oersted do Eletromagnetismo
Hans Christian Oersted (1777-1851)

1820

Dinamarca

A corrente elétrica produz um campo magnético.

A agulha de uma bússola é desviada quando colocada perto de um fio que transmita corrente elétrica.

Oersted, que foi professor de Física na Universidade de Copenhague, há muito tempo suspeitava que existia uma ligação entre eletricidade e magnetismo. Durante uma de suas palestras, ele colocou um fio pelo qual passava uma corrente elétrica em uma direção perpendicular e diretamente acima de uma agulha de bússola. Nenhum efeito foi observado. Após a palestra, quando vários alunos vieram procurá-lo na mesa de demonstração, ele acidentalmente colocou o fio em paralelo com a agulha da bússola. Para sua surpresa, ele observou a agulha se desviar do norte e, eventualmente, ficar perpendicular ao fio. Quando desligou a corrente elétrica, a agulha voltou a apontar para o norte. Ele inverteu a corrente no fio, e desta vez a agulha desviou na direção oposta. Oersted ficou espantado ao ver o efeito da corrente elétrica sobre o magnetismo.

Todo o uso prático que fazemos da eletricidade, hoje, é fundamentado sobre a conexão entre eletricidade e magnetismo. E foi um "acidente" que levou a essa descoberta verdadeiramente importante. O matemático francês Joseph Lagrange (1736-1813) observou certa vez que "esses acidentes acontecem somente com aqueles que de fato os merecem".

Embora Oersted tenha descoberto o eletromagnetismo, não foi muito além. Essa tarefa foi deixada para Ampère (p. 75).

Veja também as Regras de Fleming (p. 120).

O Paradoxo de Olbers
Heinrich Wilhelm Olbers (1758-1840)

1823
Alemanha

Por que o céu é escuro à noite?

Essa pergunta aparentemente simples tem intrigado os astrônomos há séculos. E, não, a resposta não é "porque, à noite, o Sol está do outro lado da Terra".

Olbers salientou que, se houvesse um número infinito de estrelas distribuídas uniformemente no espaço, o céu noturno deveria ser uniformemente brilhante, com um brilho superficial igual ao do Sol. Ele acreditava que a escuridão do céu noturno era devida à absorção da luz pelo espaço interestelar.

Contudo, ele estava errado. A pergunta de Olbers continuou sendo um paradoxo até 1929, quando os astrônomos descobriram que as galáxias estão se afastando de nós e que o universo está se expandindo.

As galáxias distantes estão se afastando de nós a uma velocidade tão alta que diminui a intensidade da luz que recebemos delas. Além disso, essa luz se desloca ligeiramente para a extremidade vermelha do espectro. A luz vermelha tem menos energia do que a luz azul. Esses dois efeitos reduzem significativamente a luz que recebemos de galáxias distantes, deixando apenas as estrelas próximas, que vemos como pontos de luz no céu escuro. No entanto, em um universo infinito e estacionário, uniformemente cheio de estrelas, a nossa linha de visão sempre terminaria na superfície de uma estrela e, portanto, todo o céu deveria ser brilhante.

Veja também a Lei de Hubble (p. 155).

O Ciclo de Carnot
Nicolas Sadi Carnot (1796-1832)

1824

França

O Ciclo de Carnot é o ciclo mais eficiente para um motor térmico com funcionamento reversível. Ele ilustra o princípio de que a eficiência de um motor térmico depende da faixa de temperatura em que ele trabalha. O Ciclo tem uma sequência de quatro etapas reversíveis: compressão adiabática e expansão isotérmica à temperatura elevada; expansão adiabática e compressão isotérmica a baixas temperaturas. (Adiabática = o calor não flui para dentro ou fora de um sistema; isotérmico = a uma temperatura constante.)

O ciclo desempenhou um papel importante no desenvolvimento da termodinâmica.

Carnot tinha 24 anos quando começou seus estudos sobre a eficiência do motor a vapor. Quatro anos depois ele publicou suas descobertas em seu livro *Réflexions sur la puissance motrice du feu* (Reflexões sobre a potência motriz do fogo), que fundou a Ciência da Termodinâmica. Carnot sugeriu que a força motriz – termo que usou para trabalho ou energia – de um motor térmico era derivada da queda de uma temperatura mais alta para uma temperatura mais baixa. Assim, um motor térmico era semelhante a um moinho de água que deriva sua força motriz da queda de água de um nível superior para um nível inferior.

Os cientistas perceberam a importância real das *Reflexões* em 1878, quando o irmão de Carnot descobriu anotações mostrando como seu irmão tinha fornecido mais de uma prova para apoiar sua teoria. Essas anotações, escritas em algum momento entre a publicação das *Reflexões* e a morte de Carnot, também incluíam um valor incrivelmente exato para o Equivalente Mecânico do Calor (p. 92).

1827

Escócia

O Movimento Browniano
Robert Brown (1773-1858)

Pequenas partículas sólidas em suspensão em um fluido encontram-se em movimento aleatório contínuo.

Esse movimento é causado por colisões constantes entre as partículas suspensas e as moléculas do fluido. O movimento é visível em partículas de poeira dançando em um raio de sol.

Num dia de verão, Brown estava usando um microscópio para observar grãos de pólen muito pequenos em suspensão na água. Ele observou que os grãos se moviam de forma irregular, embora a água parecesse estar perfeitamente imóvel. Estudou outras partículas de poeira em suspensão na água e percebeu que elas também se movimentavam de forma aleatória. Brown não sabia explicar a causa desse movimento.

Em 1905, Einstein estudou matematicamente o Movimento Browniano e usou-o para calcular o tamanho e a massa aproximados de átomos e moléculas. Sabemos agora que o movimento dos grãos de pólen observados por Brown era provocado por colisões aleatórias de moléculas de água em movimento rápido.

Brown foi um botânico da viagem de Matthew Flinders para a Austrália, a bordo do *Investigator* (1801-1803). Ele retornou à Inglaterra com mais de 4 mil espécimes de plantas, mais de metade das quais eram desconhecidas da Ciência. Brown também é lembrado por outra descoberta: o reconhecimento de um pequeno corpo dentro das células como uma característica normal de células. Ele chamou-o de *nucleus* (em latim, "pequena noz"). As células vegetais foram descobertas por Hooke (p. 34), que as chamou assim porque se assemelhavam aos pequenos quartos de monges em mosteiros, também chamados de "celas".

A Lei de Ampère
André-Marie Ampère (1775-1836)

1827

França

Dois fios condutores atraem-se mutuamente se suas correntes estiverem na mesma direção, mas se repelem se as correntes forem opostas. A força de atração ou repulsão é diretamente proporcional à força da corrente e inversamente proporcional ao quadrado da distância entre os fios.

Essa lei ajudou a desenvolver uma nova área de estudo chamada Eletromagnetismo.

Quando o físico francês François Arago (1786-1853) ouviu falar das experiências de Oersted com um fio elétrico e uma agulha de bússola (p. 71), repetiu-as na Academia Francesa de Ciências. Ampère também estava presente à demonstração. Ampère generalizou que o efeito magnético era o resultado de correntes elétricas circulares. O efeito era maior quando os fios estavam enrolados em forma de bobina. Quando uma barra de ferro doce era colocada na bobina, tornava-se um ímã.

Ampère tinha o hábito de carregar no bolso um pedaço de giz e usá-lo em qualquer superfície que funcionasse como um quadro-negro, sempre que uma nova ideia lhe viesse à mente. Uma vez, a superfície que conseguiu encontrar foi a parte de trás de um cabriolé. Depois que ele o cobriu com equações, ficou espantado ao ver seu "quadro-negro" afastar-se dele. O nome de Ampère é celebrado pela unidade de corrente elétrica e se tornou uma palavra comum: quem nunca ouviu falar de "amperagem"?

Veja também a Lei de Ohm (p. 76).

A Lei de Ohm
Georg Simon Ohm (1789-1854)

1827 — Alemanha

A corrente elétrica em um condutor é proporcional à diferença de potencial.

Em forma de equação, $V = IR$, onde I é a corrente, V a diferença de potencial e R é uma constante chamada de "resistência".

Quando Ohm publicou sua lei, seu livro foi chamado de "uma teia de fantasias" e o ministro da educação alemão disse que "um físico que professava tais heresias era indigno de ensinar ciências", então o demitiu. Ohm é hoje honrado pela unidade de resistência elétrica que leva seu nome. Se usarmos as unidades de V, I e R, a Lei de Ohm pode ser escrita em unidades como volts = ampere x ohm. É uma coincidência que esta lei relacione três cientistas de três nacionalidades diferentes: um italiano, um francês e um alemão.

Veja também o Conceito de Galvani e Volta de Corrente Elétrica (p. 58) e a Lei de Ampère (p. 75).

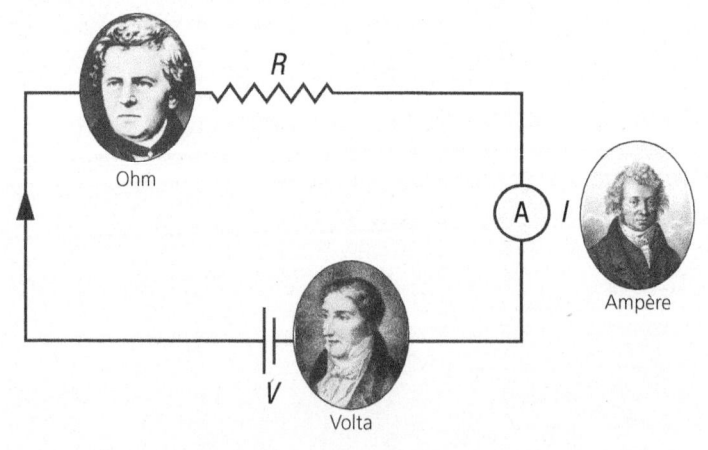

Como a Lei de Ohm relaciona a diferença de potencial (voltagem), a corrente e a resistência, e, portanto, os cientistas Volta, Ampère e Ohm.

A Teoria do Uniformitarismo de Lyell
Charles Lyell (1797-1875)

1830

Escócia

Considerando-se períodos de tempo indefinidamente longos, os processos geológicos que são responsáveis por mudanças geológicas sempre foram os mesmas que são hoje.

A Teoria de Lyell retomou e expandiu o princípio uniformitarista de Hutton (p. 55).

Agora sabemos que a Terra tem cerca de 4,6 bilhões de anos, mas, no início do século XIX, a maioria das pessoas acreditava que a Terra tinha apenas cerca de 6 mil anos. Também acreditavam que os fenômenos geológicos, como a formação de montanhas e vales, eram o resultado de eventos cataclísmicos, como o dilúvio de Noé. Esta teoria da história da Terra era conhecido como "catastrofismo".

Em seu livro *Princípios de Geologia*, publicado em três volumes entre 1830 e 1833, Lyell rejeitou estes ideias existentes havia séculos e sugeriu que a Terra é muito antiga e está constantemente mudando. Lyell, nascido no ano em que Hutton morreu, aceitou as ideias de Hutton sobre uniformitarismo e consubstanciou-as com quantidades maciças de dados observacionais. Darwin foi tão influenciado pelo método de Lyell de apoiar uma teoria em evidências observacionais que usou a mesma técnica em seu livro *A origem das espécies* (p. 100). O livro de Lyell é considerado o mais influente da Geologia, e seu autor é chamado de "pai da Geologia moderna". Lyell também é lembrado por nos legar o famoso ditado: "O presente é a chave para o passado".

A Lei da Indução de Faraday

1831
Inglaterra

Michael Faraday (1791-1867)

Um campo magnético que varia na vizinhança de um condutor produz uma corrente elétrica nesse condutor. O valor da voltagem é proporcional à taxa de mudança do campo magnético.

Esse fenômeno é chamado de "Indução Eletromagnética", enquanto a corrente produzida se chama "Corrente Induzida". A indução é a base do gerador elétrico e do motor.

Para seu experimento histórico, Faraday envolveu os lados opostos de um anel de ferro com fio isolado, formando duas bobinas. Uma bobina estava ligada a uma bateria, e a outra, a um fio sob o qual havia uma agulha de bússola magnética. Ele não observou efeito algum quando a corrente era constante, mas, quando ligava e desligava a corrente, notou que a agulha se movia. Em 29 de agosto de 1831, o equipamento primitivo de Faraday fez história quando "produziu eletricidade a partir do magnetismo".

Diz a lenda que William Gladstone, ministro da Fazenda da Inglaterra, após assistir à demonstração de Faraday da Indução Eletromagnética perguntou: "Mas para que isso serve?". Faraday respondeu, notoriamente: "Eu não sei, senhor, mas um dia o senhor será capaz de cobrar impostos por isso".

O físico russo Heinrich Lenz (1804-1865) ampliou a Lei de Faraday quando, em 1833, sugeriu o seguinte: o campo magnético em torno de um condutor dá origem a uma corrente elétrica cujo próprio campo magnético tende a se opor ao primeiro. Agora conhecemos esse princípio como a **Lei de Lenz**. Essa lei é, na verdade, O Princípio de Le Châtelier (p. 116), quando aplicado à interação das correntes e campos magnéticos.

A Lei de Graham da Difusão
Thomas Graham (1805-1869)

1831

Escócia

Nas mesmas condições, a taxa de difusão de um gás é inversamente proporcional à raiz quadrada de sua densidade.

Por exemplo, o hidrogênio se difunde quatro vezes mais rápido que o oxigênio sob as mesmas condições de temperatura e pressão.

Gases não têm volume fixo: eles se expandem para preencher todo o volume de seu recipiente. Por exemplo, quando um frasco de perfume é aberto em um quarto, uma pequena quantidade de perfume evapora-se, e logo as partículas de perfume se espalham mais ou menos uniformemente por toda a sala. Esse espalhamento de partículas de gás é chamado de "difusão". Graham observou certa vez que uma garrafa rachada invertida sobre a água e contendo hidrogênio solta o hidrogênio mais rápido do que o ar entra. Essa observação levou-o à conclusão de que o gás mais leve se difunde mais rapidamente. A partir de novas experiências, Graham deduziu sua lei, agora conhecida por todos os estudantes de química.

O pai de Graham queria que ele entrasse para a igreja, mas ele resistiu e inscreveu-se na Universidade de Glasgow para estudar Ciência. Graham, um experimentalista brilhante, mas péssimo professor, é hoje chamado de pai da Química Coloidal (um coloide é uma espécie de mistura – por exemplo, o fumo é um coloide de partículas de carbono suspensas no ar). Em 1861, ele inventou o processo de diálise, que se baseia no princípio de que alguns materiais se difundem através de uma membrana semipermeável e outros materiais não. Testou o processo em uma membrana de bexiga de boi que serviu como uma espécie de peneira molecular. Usando esse processo, ele foi capaz de extrair ureia da urina.

A Lei de Gauss

1832
Alemanha

Carl Friedrich Gauss (1777-1855)

O fluxo elétrico através de uma superfície fechada é proporcional à soma das cargas elétricas na superfície.

Um campo elétrico pode ser retratado se desenharmos linhas de força. O campo é mais forte quando essas linhas estão mais próximas, e mais fraco quando estão muito distantes. O fluxo elétrico é uma medida do número de linhas de campo elétrico passando por uma área.

A Lei de Gauss descreve a relação entre carga elétrica e campo elétrico. É uma reafirmação elegante da Lei de Coulomb (p. 54). Gauss está junto a Arquimedes e Newton como um dos maiores matemáticos de todos os tempos. Foi dito que quase tudo que a matemática do século 19 trouxe na forma de ideias científicas originais está ligado ao nome de Gauss. "Ele está em toda a matemática", diz E.T. Bell, em sua notória biografia sobre matemáticos, *Men of Mathematics* (1937).

Gauss foi um prodígio – um Mozart da matemática. Um sábado, em 1779, quando não tinha nem três anos, viu o pai calculando a folha de pagamento semanal dos trabalhadores a seu encargo. Seu pai cometeu um deslize em seus longos cálculos e ficou surpreso ao ouvir o menino dizer: "Pai, o cálculo está errado, deveria ser...". Uma verificação dos números mostrou a seu pai que sua "criança-prodígio" estava certa.

A Teoria de Galois
Évariste Galois (1811-1832)

1832

França

O estudo de soluções de algumas equações e como diferentes soluções estão relacionadas umas às outras.

Esta teoria brilhante e complexa possui muitas aplicações. Por exemplo, pode ser usada para resolver problemas matemáticos clássicos, como "quais polígonos regulares podem ser construídos usando uma régua e um compasso?". A teoria têm origens igualmente melodramáticas: a maior parte dela foi escrita febrilmente por um matemático de 20 anos na noite antes que morresse.

Na escola, Galois só estava interessado em explorar livros sobre matemática. Aos 17 anos, escreveu seu primeiro trabalho matemático e enviou-o para a Académie des Sciences por meio de Augustin Cauchy, um famoso matemático, mas o trabalho foi perdido. Um ano depois, enviou outro ensaio para Joseph Fourier, o secretário da Academia, para ser avaliado para o prêmio de matemática da Academia. Fourier morreu antes que pudesse repassar o ensaio.

Galois era um republicano convicto. Durante um jantar, em 1831, ele levantou sua taça com um punhal aberto em sua mão, e foi preso por fazer uma ameaça contra o rei. Após ser libertado da prisão, apaixonou-se por uma garota, mas foi desafiado pelo nojvo dela para um duelo. Na noite antes do duelo, Galois rabiscou freneticamente sua teoria. Na manhã seguinte, levou um tiro de pistola no abdômen e morreu no dia seguinte. Suas últimas palavras a seu irmão foram: "Não chore, eu preciso de toda a minha coragem para morrer aos vinte anos".

Os Experimentos de Beaumont com o Suco Gástrico

1833
Estados Unidos

William Beaumont (1785-1853)

O suco gástrico é um agente químico, e o ácido clorídrico é seu componente mais importante. A digestão é um processo químico.

Beaumont demoliu o mito de que o suco gástrico era tão "inerte quanto a água" e disse que era o solvente mais forte da natureza – mesmo um osso duro não poderia suportar sua ação.

Em 1822, quando Beaumont, um cirurgião do Exército dos Estados Unidos baseado em Michigan, atendeu um paciente que havia sido baleado acidentalmente a curta distância, ele encontrou uma porção do pulmão e do estômago do paciente saindo através da ferida externa. Ele limpou e cobriu a ferida, mas não esperava que seu paciente sobrevivesse. O franco-canadense Alexis Saint Martin, então com 19 anos, era um homem durão e sobreviveu, mas ficou com um buraco em seu estômago. Beaumont cobriu-o com uma placa de metal e Saint Martin levou uma vida ativa: casou-se e teve quatro filhos.

Em 1825, Beaumont percebeu que Saint Martin era um laboratório sobre duas pernas. Ao longo dos próximos oito anos, realizou centenas de experimentos (tais como suspender, por um fio de seda, um pedaço de comida sobre o buraco no estômago de Saint Martin e, em seguida, observar sua digestão em intervalos regulares) e reuniu uma vasta quantidade de informações sobre o suco gástrico e como o estômago digere vários alimentos. Em 1833, ele publicou suas descobertas, *Experiências e observações sobre o suco gástrico e a fisiologia da digestão*, o que o tornou famoso em todo o mundo médico.

A Máquina Analítica de Babbage

1834

Charles Babbage (1791-1871)
Ada Augusta King, Condessa de Lovelace (1815-1852) *Inglaterra*

Uma máquina que, como os computadores modernos, tinha um espaço separado para armazenar números (memória) e um "moinho" para trabalhar com eles (unidade de aritmética), bem como um sistema de cartões perfurados para especificar a sequência de instruções (*input*) e para a obtenção de resultados (*output*).

A máquina foi projetada apenas para cálculos matemáticos.

Babbage, matemático e inventor, projetou três máquinas diferenciais: dispositivos mecânicos que calculavam e imprimiam tabelas matemáticas e de navegação. Contudo, ele nunca construiu nenhum deles. Também projetou uma máquina analítica. Apesar de ter preparado desenhos detalhados de milhares de peças, apenas algumas peças foram construídas. Seu projeto estava muito à frente de seu tempo, e a tecnologia vitoriana não poderia fornecer peças usinadas com alta precisão. Em 1991, no aniversário de 200 anos do nascimento de Babbage, o Museu de Ciências britânico construiu a máquina diferencial nº 2 (projetada entre 1847 e 1849). A seção de cálculo dessa máquina pesa 2,8 toneladas e é composta por 2.400 peças.

"Ela não tem pretensões de originar nada. Mas pode fazer tudo o que sabemos instruí-la a fazer", escreveu Lovelace sobre a máquina analítica. Lovelace, uma matemática, é reconhecida por muitos como a primeira programadora de computadores do mundo. Filha do poeta Lorde Byron, Lovelace trabalhou com Babbage, escrevendo instruções e divulgando suas máquinas de diferença e de análise. Seus escritos fornecem a primeira descrição de técnicas de programação. Ela morreu de câncer, ainda jovem, aos 36 anos.

As Leis de Faraday da Eletrólise

1834
Inglaterra

Michael Faraday (1791-1867)

Primeira lei: a quantidade de uma substância liberada durante a eletrólise é proporcional à quantidade de eletricidade fornecida.

Segunda lei: as quantidades relativas de substâncias liberadas são proporcionais a seu peso equivalente.

As afirmações anteriores são próximas das declarações originais de Faraday. Hoje, o "peso equivalente" foi substituído por "moles".

Faraday foi o primeiro a ver a diferença entre as substâncias que conduzem corrente elétrica em solução e as que não o fazem. Ele cunhou o termo "eletrólito" (liberação por meio da eletricidade) e "íon" (peregrino). Embora as mais influentes descobertas de Faraday sejam no campo do eletromagnetismo (p. 78), em que os motores elétricos, dínamos e transformadores contemporâneos são baseados, sua Lei da Eletrólise deu início à moderna indústria de galvanoplastia.

Faraday foi um grande experimentador, tanto em qualidade quanto em quantidade. Ele mantinha um diário meticuloso registrando todas a suas experiências. Seus cadernos revelam que, ao todo, ele fez 16.041 observações experimentais durante um período de 42 anos. Ele costumava dizer que ficaria feliz se um em mil de seus experimentos levasse a uma descoberta realmente importante. Trabalhava com as próprias mãos, vestindo um avental cheio de buracos. Seu assistente de laboratório era um velho soldado da reserva, o sargento Anderson, cuja principal virtude era a obediência cega. Uma noite, Faraday esqueceu de mandar Anderson para casa, e encontrou-o ainda no trabalho na manhã seguinte.

A unidade de capacitância, farad (F), é assim chamada em homenagem a Faraday.

O Efeito Coriolis
Gaspard de Coriolis (1792-1843)

1835

França

Em uma superfície em rotação parece que uma força imaginária está em ação perpendicularmente à Terra em rotação, fazendo com que um corpo siga uma trajetória curva e oposta ao sentido de rotação da Terra.

Nenhuma força real está envolvida. A força imaginária é um efeito da rotação da Terra.

No Hemisfério Sul, a Terra, abaixo de nós, roda para a direita o tempo todo. Qualquer coisa que se desloque sobre a superfície parece ser desviada para a esquerda. No Hemisfério Norte ocorre o oposto: objetos são desviados para a direita.

Esse desvio não é real: a bala voa em linha reta, enquanto o alvo se desloca para a direita. O Efeito Coriolis atua em todos os objetos que se movam livres da Terra: quanto mais rápido o objeto, maior a deflexão. O efeito Coriolis é nulo no Equador.

O Efeito Coriolis é significativo na atmosfera e nos oceanos. Por exemplo, no Hemisfério Sul, o ar em movimento

Devido à rotação da Terra

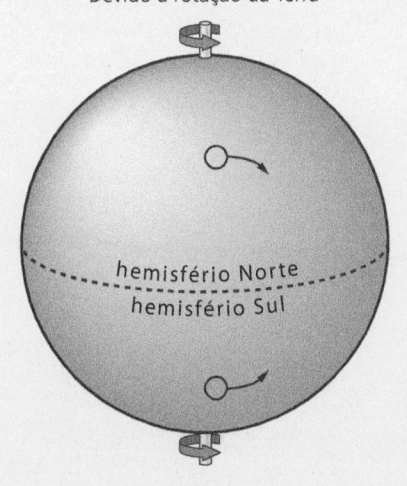

hemisfério Norte
hemisfério Sul

os objetos são desviados para a direita

os objetos são desviados para a esquerda

passando de zonas de alta para zonas de baixa pressão gira no sentido horário, enquanto que, no Hemisfério Norte, o ar em movimento de alta para baixa pressão gira no sentido anti-horário. A quantidade de rotação depende da latitude e da velocidade com que o ar está se movendo. Da mesma forma, os ventos mais próximos dos polos sofrerão um desvio maior que o dos ventos na mesma velocidade mais próximos ao Equador. No entanto, a história de que a água sendo drenada pelo ralo de uma banheira ou numa bacia roda no sentido horário no Hemisfério Sul e no sentido anti-horário no Norte é apenas lenda. No caso de um ralo ou bacia, o efeito Coriolis é insignificante e é superado por outras forças, como a gravidade. A força de Coriolis é cerca de 30 milhões de vezes mais fraca do que a gravidade. Da mesma forma, os rabos dos porcos não se enrolam de uma forma no Hemisfério Sul e ao contrário no Norte.

A **Lei de Buys Ballot** pode ser usada para descobrir a direção do vento em diferentes locais num mapa meteorológico. Proposta em 1857 pelo meteorologista holandês Christoph Buys Ballot (1817-1890), a lei estabelece que, para um observador no Hemisfério Sul de pé com suas costas para o vento, a pressão atmosférica será inferior a sua direita em relação a sua esquerda. No Hemisfério Norte, a menor pressão atmosférica estará à esquerda do observador. Em 1853, uma lei similar foi proposta pelo educador e meteorologista americano James Henry Coffin (1806-1873).

A Teoria de Agassiz sobre as Eras do Gelo
Jean Louis Agassiz (1807-1873)

1837

Suíça

Durante os últimos 600 milhões anos houve 17 eras do gelo conhecidas na Terra.

As eras do gelo (também conhecidas como períodos glaciais) são os períodos da História em que enormes camadas de gelo recobrem grandes áreas de terra normalmente não cobertas pelo gelo sazonal.

De férias nos Alpes suíços, em 1836, Agassiz, um naturalista perspicaz, observou rochas marcadas por profundos entalhes e estrias. Ele formulou a ideia inovadora que as estrias foram causadas pelo movimento das geleiras e que, em algum momento no passado distante, toda a Europa havia sido coberta por geleiras. Isso o levou a sua teoria de que as geleiras foram o resultado das eras glaciais. Ele apresentou sua nova teoria para a Sociedade Helvética em 1837.

Hoje, sabemos muito mais sobre as eras do gelo ou períodos glaciais, mas os cientistas ainda não sabem o que provoca uma era do gelo. A lista de suspeitos inclui a órbita da Terra, a deriva dos continentes, as mudanças no dióxido de carbono na atmosfera e até mesmo os raios cósmicos.

A última era do gelo ocorreu no Pleistoceno (que se iniciou cerca de 2 milhões de anos atrás) e foi composta por quatro períodos glaciais, o último dos quais durou até cerca de 40 mil a 10 mil anos atrás. Hoje vivemos em um período interglacial relativamente mais quente, enquanto caminhamos para o próximo período glacial. Nos tempos atuais, cerca de 10% da superfície da Terra são cobertos pelo gelo, mas, durante a última era glacial, cerca de 30% da Terra era coberta por gelo.

O Conceito de Alótropos, de Berzelius

1840
Suécia

Jöns Jacob Berzelius (1779-1848)

Um elemento pode existir em duas ou mais formas com propriedades diferentes.

As várias formas são conhecidas como alótropos. Por exemplo, grafite, diamante, e *buckyballs* (p. 194) são três alótropos cristalinos do carbono; vidro e quartzo são, respectivamente, um alótropo cristalino e um alótropo não cristalino do vidro.

Berzelius converteu carvão em grafite usando processos químicos e declarou que alguns elementos podem existir em duas ou mais formas com propriedades diferentes. No entanto, o sueco contribuiu para a Química com outras coisas além dos alótropos: ele deu a esse ramo da ciência uma nova linguagem.

Quando Dalton retomou a ideia do átomo como unidade da matéria (p. 67), usou símbolos circulares para representar os átomos. Berzelius descartou o sistema complicado de Dalton e, em seu lugar, criou um sistema racional de abreviaturas químicas. "É mais fácil escrever uma palavra abreviada do que desenhar uma figura que tem pouca analogia com as palavras e que, para ser legível, deve ser feita em tamanho maior do que a escrita comum", ele declarou. "Vou, portanto, tomar como símbolo químico a letra inicial do nome latino de cada elemento. Se as duas primeiras letras forem comuns a dois elementos, irei utilizar tanto a letra inicial quanto a primeira letra que não é comum a ambos." O Método de Berzelius é hoje seguido em todo o mundo. E sua descoberta de alótropos de carbono levou os químicos a descobrir não apenas mais alótropos do carbono, mas também alótropos de muitos outros elementos.

O Efeito Doppler
Johann Christian Doppler (1803-1853)

1842

Áustria

Qualquer fonte de som ou luz que esteja se afastando de um observador tem sua frequência alterada em relação ao observador.

Por exemplo, a frequência do apito de um trem muda quando passa por uma pessoa de pé sobre uma plataforma: ela é maior quando o trem está se aproximando da pessoa, e menor quando está se afastando da pessoa.

Doppler explicou o efeito salientando que, quando a fonte de som está se movendo em direção ao observador, as ondas sonoras alcançam o ouvido em intervalos mais curtos, portanto a frequência é mais alta (o som é mais agudo). Quando a fonte está se afastando, as ondas atingem o ouvido em intervalos maiores, e, portanto, a frequência é mais baixa (som mais grave). O Efeito Doppler também ocorre quando a fonte de som está estacionária e o observador está em movimento.

Em 1845, o meteorologista holandês Christoph Buys Ballot (p. 86) testou o Efeito Doppler para ondas sonoras em uma experiência interessante – como fonte de som em movimento, ele usou um grupo de trompetistas de pé em um vagão de trem aberto, passando por uma região campestre da Holanda próxima a Utrecht. A experiência, claro, demonstrou a veracidade do princípio de Doppler.

Doppler também previu que um efeito similar seria aplicável para as ondas de luz, mas não forneceu explicação alguma. Em 1849, Fizeau (p. 95) mostrou que o Efeito Doppler se aplica à luz vinda de estrelas distantes.

Veja também o Paradoxo de Olbers (p. 72).

A Primeira Lei da Termodinâmica

1842
Alemanha

Julius Robert von Mayer (1814-1878)

O calor é uma forma de energia,
e a energia é conservada.

Em forma de equação, $\Delta U = Q - W$, onde ΔU é a mudança na energia interna de um sistema, Q é o calor (ou "a energia calorífica") recebido(a) pelo sistema e W é o trabalho feito pelo sistema (em física, a letra grega delta Δ representa "mudança" em uma quantidade). Em "termodinâmica", *termo* refere-se ao calor e *dinâmica* ao trabalho.

A primeira lei é uma das grandes leis da Física. É simplesmente uma reafirmação da Lei da Conservação da Energia: a energia não é criada nem destruída, mas pode ser alterada de uma forma para outra.

Mayer foi um médico e não tinha conhecimentos de física. Enquanto trabalhava como médico a bordo de um navio holandês nas Índias Orientais, notou que o sangue dos marinheiros era excepcionalmente vermelho. Pensou que o calor dos trópicos aumentava o metabolismo, resultando em um aumento de oxigênio no sangue dos marinheiros. O excedente de oxigênio, por sua vez, causava a vermelhidão intensa. Ele deu um passo adiante em seu raciocínio: o esforço muscular (trabalho) também produz calor e deve haver uma relação entre trabalho e calor.

Não sabemos se Homer Simpson (do desenho de TV, *Os Simpsons*) realmente entende as leis da termodinâmica (ver também p. 96), mas ele já foi visto andando por sua casa e gritando: "Nesta casa, seguimos as leis da termodinâmica".

O Ciclo das Manchas Solares
Samuel Heinrich Schwabe (1789-1875)

1843

Alemanha

O número de manchas solares visível varia em um ciclo regular que dura cerca de 11 anos.

Apesar de Galileu (p. 28) ter sido o primeiro a estudar as manchas solares através de seu telescópio, em 1612, Schwabe, um astrônomo amador, fez registros cuidadosos de manchas solares quase diariamente durante 17 anos antes de anunciar sua teoria. Ele continuou suas observações por mais 25 anos.

As manchas solares são como sardas no rosto brilhante do Sol. Sempre que campos magnéticos emergem do Sol, eles suprimem o fluxo de gases quentes ao redor, criando regiões relativamente frias que são percebidas como manchas escuras na camada exterior e pouco profunda do Sol, conhecida como a fotosfera. As manchas solares variam em tamanho, indo de mil a 40 mil km de diâmetro, e podem durar poucos dias ou muitos meses.

O Ciclo das Manchas causa "mínimos solares" ou "máximos solares". Perto de um mínimo solar há apenas algumas manchas. Durante um máximo solar há um aumento acentuado no número de manchas e explosões, que são enormes expansões de energia liberada a partir da região das manchas solares. Explosões podem produzir mudanças dramáticas na emissão de raios ultravioleta e raios X no Sol.

Desde que o ciclo foi documentado por Schwabe, os cientistas ficaram fascinados pela possibilidade de que o ciclo possa influenciar as condições meteorológicas e o clima na Terra. No entanto, essa ligação ainda não foi comprovada de forma satisfatória.

O Equivalente Mecânico do Calor de Joule

1848
Inglaterra

James Prescott Joule (1818-1889)

Uma determinada quantidade de trabalho produz uma quantidade específica de calor.

Em termos modernos, 4,18 joules de trabalho equivalem a uma caloria de calor.

Em 1798, Conde Rumford sugeriu que o trabalho mecânico podia ser convertido em calor (p. 60). Essa ideia foi investigada por Joule, que realizou milhares de experimentos para determinar quanto calor pode ser obtido a partir de uma determinada quantidade de trabalho. Em um experimento, ele usou pesos em uma polia para girar uma roda de pás imersa em água. O atrito entre a água e a roda de pás fez com que a temperatura da água subisse ligeiramente. A quantidade de trabalho pode ser medida a partir dos pesos, e a distância que percorreram ao cair gerou o calor que produziu o aumento da temperatura. Joule estava tão interessado em seus experimentos que, em sua lua de mel na Suíça, levava um termômetro longo e sensível para medir a temperatura das cachoeiras dos Alpes.

Joule era filho de um fabricante de cerveja e começou a trabalhar na cervejaria de seu pai quando tinha 15 anos. Era autodidata, mas excelente em matemática. Aprendeu a arte de medições precisas na cervejaria. Todas as suas experiências sobre o Equivalente Mecânico do Calor dependiam de sua capacidade de medir aumentos extremamente pequenos na temperatura. Sem dúvida, era um cientista experimental do mais alto calibre, e mantemos o seu nome vivo, hoje, nomeando a unidade de trabalho e energia como joule (J).

As Leis de Kirchhoff
Gustav Kirchhoff (1824-1887)

1845

Alemanha

Primeira lei (lei dos nós): em qualquer ponto de junção em um circuito elétrico, a soma de todas as correntes que entram na junção deve ser igual à soma de todas as correntes de saída da junção.

Segunda lei (lei das malhas): para qualquer ciclo fechado em um circuito elétrico, a soma das tensões elétricas deve ter uma resultante zero.

Em forma de equação, a primeira lei é $I = I_1 + I_2 + I_3 + ...$, onde I é a corrente total e I_1, I_2, I_3 e assim por diante são as correntes distintas. Para a segunda lei: $V = V_1 + V_2 + V_3 + ...$ onde V é a tensão total e V_1, V_2, V_3 e assim por diante são as tensões distintas.

Essas leis são extensões da Lei de Ohm (p. 76) e são utilizadas para o cálculo de corrente e tensão em uma rede de circuitos. Kirchhoff formulou as leis quando ainda era um estudante na Universidade de Königsberg.

Kirchhoff também demonstrou que os objetos que são bons emissores de calor também são bons em absorver calor. Isso é conhecido como a Lei de Kirchhoff da radiação. Roupas pretas, por exemplo, são bons absorvedores de calor, bem como bons emissores, mas vestir roupas pretas em um dia quente ainda assim fará com que você fique com calor. Isso ocorre porque a temperatura exterior é maior do que a temperatura do corpo, e o corpo recebe mais calor do que pode emitir. Roupas brancas, por outro lado, são bons refletores e, portanto, absorvem mal o calor. Assim, são adequadas para uso em dias quentes.

Veja também a Teoria da Espectroscopia de Kirchhoff-Bunsen (p. 102).

1848

Escócia

O Zero Absoluto
William Thomson, conhecido como Lorde Kelvin (1824-1907)

O movimento molecular (ou calor) se aproxima de zero em temperaturas próximas a -273,15 °C (-459,67 °F).

Essa temperatura é conhecida como "Zero Absoluto". É o menor limite teórico para a temperatura.

Como a velocidade da luz, só é possível chegar perto do Zero Absoluto, mas ele não pode ser alcançado de fato – para alcançá-lo, é necessária uma quantidade infinita de energia. A escala de temperatura baseada no Zero Absoluto é conhecida como a **Escala Kelvin** (Kelvin, símbolo K, sem o sinal de grau e sem que se acrescente a palavra "grau"). Um Kelvin é igual a um grau Celsius (p. 48).

A energia de um corpo em Zero Absoluto é chamada de "ponto zero de energia". De acordo com o Princípio da Incerteza de Heisenberg (p. 150), os átomos e as moléculas só podem existir em certos níveis de energia: o nível de energia mais baixo é chamado de "estado fundamental", e todos os níveis mais elevados são chamados de "estados excitados". No Zero Absoluto, todas as partículas se encontram no estado fundamental.

Thomson foi o maior físico de seu tempo. Durante 53 anos, foi professor na Universidade de Glasgow, mas era um fracasso como conferencista e professor. Ele ficava tão envolvido com seu trabalho que, se alguma nova ideia surgisse em sua mente durante as palestras, ele divagava e se esquecia completamente do tema da palestra. Não era, contudo, o arquétipo do professor distraído: tinha uma mente clara e uma personalidade extraordinariamente forte. Ele disse uma vez: "A Ciência se vê obrigada, pelas leis eternas da honra, a enfrentar sem medo todos os problemas que lhe forem apresentados".

O Experimento de Fizeau sobre a Velocidade da Luz
Armand Hippolyte Louis Fizeau (1819-1896)

1849

França

A primeira experiência bem-sucedida para determinar a velocidade da luz.

Antes dessa experiência, acreditava-se que a luz tinha uma velocidade infinita.

Fizeau realizou sua experiência em Paris, entre o mirante de uma casa em Montmartre e uma colina em Suresnes, a 8,7 km de distância. Ele colocou uma roda dentada giratória com 720 aberturas em Montmartre e um espelho em Suresnes. Quando a roda estava em descanso, a luz passava por uma abertura e era refletida.

Quando a roda era girada lentamente, a luz ficava totalmente eclipsada do observador. Quando a roda era girada rapidamente, a luz refletida atravessava a abertura seguinte. Fizeau observou isso a uma velocidade máxima de 25 rotações por segundo. Portanto, o tempo exigido pela luz para percorrer uma distância de 8,7 km x 2 foi de $1/25$ x $1/720$ de segundo. Isso resulta numa velocidade de 313.200 km/s (o valor correto é 299.792 km/s).

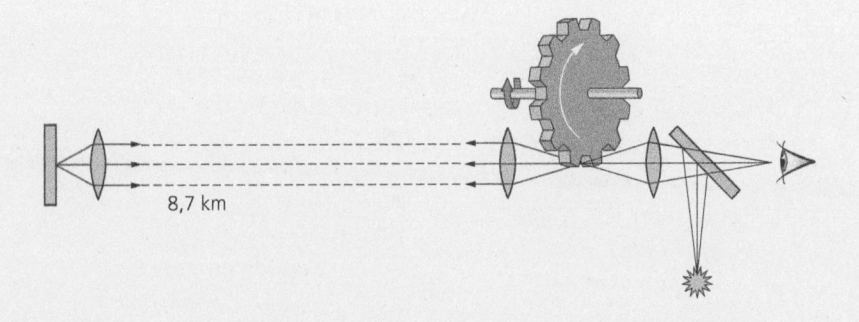

Como Fizeau preparou seu experimento

A Segunda Lei da Termodinâmica

1850

Alemanha

Rudolf Clausius (1822-1888)

O calor não flui espontaneamente
de um corpo mais frio para um mais quente.

Há muitas formas equivalentes de enunciar a segunda lei, cada uma criada por um cientista diferente em momentos distintos.

A lei diz que muitos processos na natureza são irreversíveis, nunca voltando para trás: o combustível queimado está perdido para sempre, uma omelete não pode ser transformada novamente em ovos, máquinas isoladas não podem permanecer em movimento perpétuo, e assim por diante. Esta lei também define a direção do tempo (o tempo não pode andar para trás).

Em 1865, Clausius usou o termo **entropia** como uma medida da desordem ou aleatoriedade de um sistema. Quanto mais aleatório e desordenado for um sistema, maior é a entropia. Por exemplo, o gelo tem baixa entropia. Sua entropia aumenta quando ele derrete na água, e aumenta ainda mais quando a água é aquecida e transformada em vapor. A entropia de um sistema irreversível deve aumentar; portanto, a entropia do universo está aumentando.

A **Terceira Lei da Termodinâmica** dita que é impossível resfriar um objeto a uma temperatura de Zero Absoluto. Essa temperatura é de -273,15 °C (-459,67 °F) (ver Zero Absoluto, p. 94).

O escritor norte-americano de ficção científica, John W. Campbell (1910-1971), forneceu a seguinte interpretação das leis da termodinâmica:

Primeira Lei da Termodinâmica:
Você não pode vencer.

Segunda Lei da Termodinâmica:
Você não pode empatar.

Terceira Lei da Termodinâmica:
Você não pode sair do jogo.

O Pêndulo de Foucault

Léon Foucault (1819-1868)

1851

França

Um Pêndulo de Foucault é um pêndulo simples – um fio comprido com uma grande massa no final, exceto que, na parte superior, ele está ligado a um sistema que permite que oscile em qualquer direção.

O Pêndulo de Foucault provou que a Terra está girando.

Uma vez que um Pêndulo de Foucault seja colocado em movimento, não parece balançar para trás e para frente na mesma direção, mas sim rodar. Na verdade, é a rotação da Terra sob o pêndulo que dá origem a sua rotação aparente. O ângulo de rotação por hora, que é constante para qualquer local específico, pode ser calculado a partir da fórmula, *15 sen q*, onde q é a latitude geográfica do observador. No Polo Norte ou Sul, o pêndulo iria girar 360 graus, uma vez por dia. No Equador, ele não gira.

Em 1851, Foucault, um físico eminente, fez uma demonstração pública de seu pêndulo no Panteon, uma igreja em Paris, usando um pêndulo de 70 m com uma bola de canhão de 28 kg pendurada a partir da cúpula. Uma agulha foi presa na bola, e areia foi espalhada pelo chão para traçar o caminho da bola. Quando ele colocou o pêndulo em movimento, a agulha começou a desenhar lentamente uma figura similar a uma hélice de lâmina dupla na areia, provando que a Terra estava girando em seu eixo.

A Teoria de Valência de Frankland

1852
Inglaterra

Edward Frankland (1825-1899)

A capacidade que um determinado elemento possui para se combinar com outros elementos e formar compostos é determinada pelo número de ligações químicas que esse elemento pode formar com outros elementos.

Esse "poder de combinação" é hoje chamado de "valência". O conceito de valência constitui a fundação da Química estrutural contemporânea.

Em termos atuais, valência é o número de elétrons que o átomo de um elemento deve perder ou ganhar, seja totalmente ou através de uma partilha, a fim de formar um composto. Isso deixa o átomo com a configuração eletrônica estável de um gás nobre (ou seja, uma cama externa totalmente plena). Por exemplo, em H_2O, o hidrogênio tem uma valência de +1 (H^+) e o oxigênio -2 (O^{2-}). Dois átomos de hidrogênio perdem um elétron cada um; um átomo de oxigênio ganha esses dois elétrons.

A maioria dos elementos tem uma valência fixa (por exemplo, sódio = +1, cloro = -2), mas alguns têm mais de uma valência (por exemplo, ferro = +2 ou +3). Os valores numéricos das valências representam a carga do íon.

Frankland, um químico orgânico, não só legou aos estudantes de Química o conceito de valência, como também introduziu a palavra "ligação" e a notação comumente usada para representar a estrutura de compostos – por exemplo, H-O-H. O conceito de valência de Frankland não foi imediatamente aceito por seus contemporâneos. Alguns anos depois ele foi retomado e desenvolvido por Kekulé (p. 107).

A Lógica Booleana
George Boole (1815-1864)

1854

Inglaterra

As operações lógicas podem ser expressas usando símbolos matemáticos em vez de palavras, e podem ser resolvidas de forma semelhante à álgebra ordinária.

O raciocínio de Boole fundou um novo ramo da matemática, agora conhecido como "Álgebra Booleana", que tem seu próprio conjunto de regras, leis e teoremas. Sua aplicação mais importante é nos circuitos de computadores e nos motores de busca da internet.

Todos os circuitos de computador funcionam em um de dois estados: ligado ou desligado, que podem ser representado por 1 ou 0. Esses dígitos são conhecidos como dígitos binários, ou *bits* (do inglês "BInary digiT"). A Álgebra Booleana tem três operações lógicas essenciais: NOT (não), AND (e), OR (ou). Por exemplo, um NOT faz com que a saída seja sempre o inverso da entrada. Assim, NOT transforma 1 em 0, e 0 em 1.

Boole foi um matemático autodidata e trabalhou como professor em vários colégios de pequenas cidades. Quando publicou seu primeiro trabalho, "Análise matemática da lógica", em 1847, lhe ofereceram o cargo de professor de matemática no Queen's College em Iorque, na Inglaterra. Em 1854, ele publicou sua obra-prima, *An Investigation into the Laws of Thought,* que lançou as bases da Álgebra Booleana. Três anos depois, foi nomeado membro da Royal Society.

A importância da Álgebra Booleana foi reconhecida quando os primeiros computadores foram construídos. Os computadores de hoje falam o idioma dos 1s e 0s, um idioma inventado por Boole, o menino de origens humildes que será lembrado para sempre.

A Teoria da Evolução de Darwin

1859

Inglaterra

Charles Darwin (1809-1882)

Todas as espécies atualmente existentes evoluíram de formas mais simples de vida através de um processo de seleção natural.

Os organismos mudaram ao longo do tempo, e aqueles que estão vivos hoje são diferentes daqueles que viveram no passado. Além disso, muitos organismos que já viveram estão agora extintos.

Você sabe qual foi a reação da esposa do bispo (anglicano, antes que seja tirada uma conclusão incorreta!) frente à sugestão de que o homem descende dos macacos? "Vamos torcer para que isso não seja verdade; ou, se for, que não se torne conhecimento geral."

Este é um exemplo do furor causado pela publicação do monumental livro de Darwin, *Sobre a origem das espécies por meio da seleção natural* (muitas vezes abreviado para *A origem das espécies*) em 1859. Todas as cópias do livro foram vendidas no primeiro dia da publicação, e ele continua sendo impresso desde então. Muitas pessoas se opuseram fortemente à ideia da evolução, porque entra em forte conflito com sua crença religiosa de que cada espécie foi criada por Deus da forma como existe, hoje, e não é capaz de sofrer qualquer alteração. A Teoria de Darwin continua a gerar um enorme debate científico e social.

Darwin não discutiu a evolução dos seres humanos em seu livro. Em um livro posterior, *A origem do homem*, publicado em 1871, ele apresentou sua ideia de que os seres humanos evoluíram dos macacos.

Em sua forma atual, a Teoria da Evolução inclui as seguintes ideias:

- Membros de uma espécie variam em forma e comportamento e algumas dessas variações possuem uma base hereditária.

- Cada espécie produz muito mais descendentes do que o ambiente pode suportar.

- Alguns indivíduos estão mais adaptados para a sobrevivência em um determinado ambiente do que outros. Isso é chamado de "sobrevivência dos mais fortes". Significa que há variações dentro de cada amostra de genes da população e que indivíduos com variações mais favoráveis têm mais chances de sobrevivência.
- As características favoráveis aparecem mais vezes nos indivíduos da próxima geração.
- Portanto, há uma "seleção natural" favorecendo aqueles indivíduos que se tornem mais adaptados para a sobrevivência e reprodução devido a suas variações.
- A seleção natural de cepas de organismos favorece a evolução de novas espécies, através de uma melhor "adaptação" ao meio ambiente, como consequência da alteração genética ou de mutações.

Avanços na biologia moderna, especialmente no conhecimento do DNA, têm enriquecido a teoria da evolução. A visão moderna de evolução ainda é baseada nos fundamentos de Darwin: a evolução através da seleção natural é oportunista e ocorre de forma constante.

A Teoria Espectroscópica de Kirchhoff-Bunsen

1860
Alemanha

Robert Bunsen (1811-1899)
Gustav Kirchhoff (1824-1887)

> Cada elemento químico, quando aquecido até ficar incandescente, produz suas próprias linhas espectrais características.

Por exemplo, o sódio produz duas linhas de amarelo brilhante.

Quem já fez experiências em um laboratório de Química escolar lembra-se do bico de Bunsen. Foi desenvolvido em 1855 por Bunsen, um grande professor e experimentador. No **teste da chama** – um teste para identificar a presença de metais em uma amostra pela cor de fogo que os metais produzem –, a chama não luminosa do bico de Bunsen não interfere com a chama colorida da amostra.

Quando tinha 24 anos, Bunsen perdeu um dos olhos em um experimento. Foi um celibatário muito amado – "Eu nunca tive tempo para me casar" – e de hábitos simples. A esposa de um colega na Universidade de Heidelberg, onde Bunsen foi um professor de Química, declarou certa vez que gostaria de beijar Bunsen, porque era um homem encantador, mas primeiro precisaria dar um banho nele.

Bunsen foi amigo de Kirchhoff, que era um professor de Física em Heidelberg. Bunsen e Kirchhoff desenvolveram em conjunto o primeiro espectroscópio, um dispositivo usado para produzir e observar um espectro. Eles usaram seu espectroscópio para descobrir dois novos elementos: o césio (1860) e o rubídio (1861). Contudo, em 1860, Kirchhoff fez a importante descoberta de que, quando aquecido até ficar incandescente, cada elemento produzia suas próprias linhas espectrais características. Isso significa que cada elemento emite luz de um comprimento de onda específico. Usando sua intuição, ele ainda foi mais longe: um átomo deve ser capaz de absorver qualquer coisa que emitir. O espectro de sódio tem duas linhas amarelas (comprimentos de onda próximos a 588 e 589 nanômetros). O espectro solar contém uma série de linhas escuras, algumas das quais correspondem a esses comprimentos de onda. Isso significa que o sódio está presente no Sol. Os cientistas passaram a ter uma ferramenta que podiam usar para determinar a presença de elementos nas estrelas. De acordo com Isaac Asimov (p. 170), o banqueiro de Kirchhoff não ficou impressionado com sua capacidade de encontrar elementos no Sol. "De que serve ouro no Sol se não pode ser trazido para a Terra?" Quando Kirchhoff recebeu uma medalha de ouro por seu trabalho, ele entregou-a ao banqueiro e disse: "Aqui está o ouro do Sol".

Veja também as Leis de Kirchhoff (p. 93).

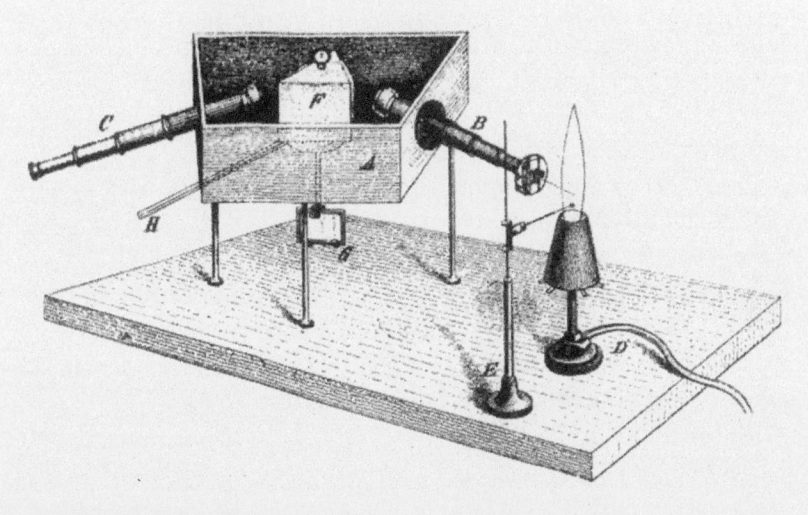

O aparelho utilizado por Kirchhoff e Bunsen (diagrama de *Annalen der Physik und der Chemie*, v. 110, 1860).

As Equações de Maxwell

1864

Escócia

James Clerk Maxwell (1831-1879)

Quatro equações que expressam matematicamente a forma como os campos elétricos e magnéticos se comportam.

As equações também mostram que a luz está relacionada com a eletricidade e com o magnetismo.

As equações são complexas, mas, em palavras simples, elas descrevem: (1) a relação geral entre campos elétricos e cargas elétricas; (2) uma relação geral entre os campos magnéticos e os polos magnéticos; (3) como um campo magnético variável produz corrente elétrica; (4) como uma corrente elétrica ou um campo elétrico variáveis produzem um campo magnético. As equações também preveem a existência das ondas eletromagnéticas, que viajam à velocidade da luz e consistem em campos elétricos e magnéticos vibrando simultaneamente em direções perpendiculares entre si (ver figura).

Maxwell parecia ser tão pouco promissor na escola que recebeu o apelido de "Bobão". Mas quando seu pai o levou a uma palestra sobre Ciências na Royal Society de Edimburgo ele logo se interessou pela Ciência. Ele publicou seu primeiro trabalho científico (sobre uma técnica para desenhar uma forma oval) com 14 anos de idade. A realização científica de Maxwell é comparável à de Newton e Einstein.

Veja também a Teoria Cinética dos Gases (p. 46).

campo elétrico

campo magnético

Relação entre o campo magnético e o campo elétrico variável que o produziu

As Leis de Mendel da Hereditariedade
Gregor Mendel (1822-1884)

1865
Áustria

Lei da segregação: em organismos com reprodução sexuada, duas unidades de hereditariedade controlam cada traço. Apenas uma dessas unidades pode ser representada em uma única célula sexualmente reprodutiva.

Lei da segregação independente: cada parte de um par de traços contrastante pode ser combinado com qualquer uma das partes de outro par.

Essas leis estabeleceram as bases para a ciência da genética.

Mendel, um monge agostiniano que era botânico, usou pés de ervilha para suas pesquisas. Seu objetivo era encontrar o efeito do cruzamento de sete pares de características contrastantes: a forma das sementes, a cor das sementes, o formato da vagem, a cor da vagem, a cor da flor, a posição da flor e o comprimento da haste. Durante sete anos, manteve um registro exato das características hereditárias de cerca de 28 mil plantas de ervilha, depois aplicou matemática a esses resultados. A partir dessa análise, descobriu que certas características das plantas são devidas a alguns fatores que passam intactos de uma geração para outra. Esses fatores são hoje conhecidos como *genes*. Ele descobriu que alguns fatores eram "dominantes", e alguns eram "recessivos".

Mendel publicou seus resultados em 1865, mas foram logo esquecidos. Em 1900, 16 anos após a morte de Mendel, três cientistas europeus, de forma independente, começaram a fazer experiências sobre a hereditariedade nas plantas e descobriram que Mendel já havia feito isso antes. O monge e suas ervilhas não foram esquecidos – hoje, vivem em todos os livros de Biologia.

A Teoria dos Germes como Fonte de Doenças de Pasteur
Louis Pasteur (1822-1895)

1865
França

Muitas doenças humanas são originadas por micro-organismos.

Essa teoria é uma das maiores conquistas científicas do século 19.

Pasteur, um químico, passou a maior parte de sua vida estudando a origem das doenças. Em 1856, quando ele era professor de Química e reitor da Universidade de Lille, foi procurado pelos produtores de beterraba que estavam tendo problemas com a fabricação de álcool de beterraba. Depois de anos de experimentação, ele provou que a fermentação era causada por micro-organismos vivos. Em 1862, mostrou que um aquecimento moderado e breve do vinho e da cerveja mata os germes, esterilizando-os e encerrando o processo de fermentação. Esse processo, hoje conhecido como "pasteurização", ainda é usado na indústria de alimentos.

Em 1865, as mesmas investigações o levaram a acreditar que os micro-organismos também podem causar doenças em humanos. Ele estava determinado a encontrar uma maneira de matar esses micro-organismos. Isolou os germes que provocavam a cólera nos frangos e descobriu que, em cultura, esses micróbios produziam uma substância química que inibe seu crescimento. Em 1881, ele aplicou com sucesso sua descoberta da inoculação de culturas atenuadas de micro-organismos ao antraz, uma doença de ovinos e bovinos, e depois, em 1885, ao tratamento da raiva em seres humanos. Pela primeira vez na história os seres humanos estavam vencendo a luta contra os germes mortais. Contudo, parece que o homem que tão corajosamente lutou contra os germes tinha medo deles: Pasteur evitava apertos de mãos por medo de contrair uma infecção.

A Teoria de Kekulé de Compostos Orgânicos
Friedrich August Kekulé (1829-1896)

1865
Alemanha

O carbono é tetravalente e capaz de formar moléculas orgânicas em forma de anel.

Esses conceitos levaram à fundação da química estrutural.

Em 1860, os químicos já conheciam a fórmula molecular do benzeno, C_6H_6, mas não sabiam como os seis átomos de carbono estavam dispostos no espaço. Mesmo o químico alemão Kekulé, que foi o primeiro a sugerir que o carbono é tetravalente – ou seja, um átomo de carbono pode combinar com quatro outros átomos –, foi incapaz de descobrir a estrutura do benzeno.

Um dia, quando estava trabalhando como professor de Química na Bélgica, sentou-se para cochilar na frente de uma lareira. Escreveu mais tarde: "Virei a cadeira para o fogo e cochilei. Novamente os átomos estavam se mexendo diante de meus olhos. Eu era capaz de distinguir longas filas deles, torcendo-se e entrelaçando-se como cobras. Então, uma das serpentes agarrou a própria cauda e começou a girar diante dos meus olhos". Ao despertar, Kekulé viu a possibilidade de que a molécula de benzeno poderia ter a forma de um anel, como mostrado abaixo.

Molécula de benzeno

A Tabela Periódica de Mendeleiev

1869
Rússia

Dmitri Mendeleiev (1834-1907)

As propriedades dos elementos são funções periódicas de seus pesos atômicos.

Basta ordenar os átomos por seu peso atômico (hoje conhecido como "massa atômica relativa"), e os elementos também estarão organizados na ordem de suas propriedades. Esse arranjo dos elementos é chamado de "tabela periódica".

Na tabela periódica atual, os elementos não são mais ordenados de acordo com sua massa atômica, mas por uma grandeza muito mais fundamental: o "número atômico". O número atômico de um elemento é o número de prótons no núcleo de um de seus átomos; o número de nêutrons, que contribui para seu peso atômico, é ignorado. A Lei Periódica Contemporânea é a seguinte:

As propriedades dos elementos são funções periódicas de seus números atômicos.

"Sim, Mendeleiev tem duas esposas, mas eu só tenho um Mendeleiev", respondeu o czar Alexandre II da Rússia, quando alguém se queixou a ele que Mendeleiev tinha se casado com uma segunda esposa, apesar de ainda não estar legalmente divorciado da primeira. Em 1869, com 35 anos, esse Mendeleiev único publicou a tabela original com os 61 elementos então conhecidos e previu que alguns elementos ainda desconhecidos iriam preencher as lacunas na tabela. "É possível predizer as propriedades de elementos ainda desconhecidos", escreveu ele, confiante.

Suas previsões eram baseadas nas propriedades dos elementos ao lado das lacunas na tabela. Ele até lhes deu nomes: eka-alumínio, ekaboron e ekasilício *(eka* é um prefixo do sânscrito que significa *um)*. Em 1886, sua previsão notável foi cumprida, com as descobertas do gálio, escândio e germânio, que tinham as propriedades previstas por Mendeleiev. A partir de então, ele tornou-se o químico mais respeitado do mundo. Não admira que o czar o tivesse em tão alta estima.

A Lei Periódica de Mendeleiev – o conceito básico mais útil em Química – deu início à busca de novos elementos. Em 1925, os químicos tinham conseguido identificar todos os elementos que acreditavam existir na natureza. O primeiro elemento artificial, o neptúnio, foi sintetizado em 1940. Muitos outros elementos foram criados desde então (p. 169).

O elemento mendelévio, criado pela primeira vez em 1955, perpetua a memória do químico que colocou outros químicos em busca dos elementos ocultos. E nenhuma sala de aula de Química está completa sem uma tabela periódica.

Período	Grupo I	Grupo II	Grupo III	Grupo IV	Grupo V	Grupo VI	Grupo VII	Grupo VIII
1	H=1							
2	Li=7	Be=9.4	B=11	C=12	N=14	O=16	F=19	
3	Na=23	Mg=24	Al=27.3	Si=28	P=31	S=32	Cl=35.5	
4	K=39	Ca=40	?=44	Ti=48	V=51	Cr=52	Mn=59	Fe=56 Co=59
								Ni=59 Cu=63

Parte da Tabela Periódica de Mendeleiev de 1869. Note o elemento que falta com peso atômico igual a 44; ele foi descoberto em 1879, na Suécia, e é chamado de escândio (Sc).

A Lei de Stefan-Boltzmann

1879
Áustria

Josef Stefan (1835-1893)
Ludwig Boltzmann (1844-1906)

A energia total irradiada por um corpo negro é proporcional à quarta potência da temperatura do corpo. (Um corpo negro é um corpo hipotético que absorve toda a radiação que incide sobre ele.)

A lei foi descoberta experimentalmente por Stefan, mas Boltzmann fez a descoberta teórica logo em seguida.

A lei tem muitas aplicações práticas, mas uma aplicação inusitada surgiu num artigo não assinado intitulado "O Céu é mais quente do que o Inferno", na revista *Applied Optics*, v. 11 (1972). O artigo começa com uma citação da *Bíblia*, Isaías 30:26: "E a luz da Lua será como a luz do Sol, e a luz do Sol sete vezes maior, como a luz de sete dias".

Portanto, o "Céu" recebe da Lua tanta radiação quanto recebemos do Sol e, além disso, sete vezes sete (49) vezes mais que a Terra recebe do Sol – ou 50 vezes, ao todo. A radiação chegando ao Céu irá aquecê-lo até o ponto em que o calor perdido por radiação será exatamente igual ao calor recebido por radiação. Ou seja, o Céu perde 50 vezes mais calor do que a Terra. A Lei de Stefan-Boltzmann nos diz que a temperatura da Terra é de 525 °C. Ainda de acordo com a *Bíblia*, o Apocalipse 21:8 diz: "Mas, quanto aos tímidos, e aos incrédulos, e aos abomináveis, e aos homicidas, e aos fornicadores, e aos feiticeiros, e aos idólatras e a todos os mentirosos, a sua parte será no lago que arde com fogo e enxofre". A temperatura do Inferno deve ser inferior a 445 °C, temperatura na qual o enxofre se transforma em gás. Portanto, o Céu é mais quente do que o Inferno.

O Número de Reynolds

Osborne Reynolds (1842-1912)

1883

Inglaterra

A relação entre forças de pressão e forças de viscosidade no fluxo de um fluido.

O Número de Reynolds é uma grandeza adimensional (isto é, não tem unidade). O número tem grande importância na dinâmica dos fluidos.

O número depende da velocidade, densidade, viscosidade e das dimensões lineares (como o diâmetro de um tubo ou altura de um prédio) do fluxo. O fluxo de um fluido é descrito como "turbulento", quando o número é maior que 2 mil. É considerado "laminar" (constante), quando o é inferior a 2 mil.

Reynolds, um renomado engenheiro teórico, apresentou o conceito de um número para determinar o tipo de fluxo de um fluido em um artigo científico com um título muito longo: "Uma investigação experimental das circunstâncias que determinam se o movimento da água será direto ou sinuoso e da lei da resistência em canais paralelos", no *Philosophical Transactions of the Royal Society*. Nesse artigo, observou que "a tendência de turbilhonamento da água torna-se muito maior quando a temperatura sobe". Ele associou o aumento da temperatura com a diminuição da viscosidade (a resistência do fluxo de um fluido).

Em 1868, Reynolds tornou-se o primeiro professor de Engenharia na Universidade de Manchester, na Inglaterra, cargo que iria manter até sua aposentadoria, em 1905. Em 1877, foi eleito Fellow da Royal Society. Onze anos mais tarde, foi condecorado com a Royal Medal dessa sociedade.

A Teoria de Arrhenius da Dissociação Iônica

1884
Suécia

Svante Arrhenius (1859-1927)

Quando um composto iônico, como o cloreto de sódio, é dissolvido em água, a atração eletrostática entre seus íons positivos e negativos torna-se muito fraca, e os íons se separam. Por exemplo, o cloreto de sódio, NaCl, separa-se nos íons Na^+ e Cl^-.

Esse processo é conhecido como "dissociação iônica". Ele tem aplicação prática na galvanização e em outros processos industriais.

Uma vez que os íons tenham sido dissociados, uma corrente elétrica pode passar através da solução, e a solução passa a ser conhecida como um eletrólito. Íons positivos, como o Na^+, são atraídos para o polo negativo (cátodo) e íons negativos, tais como Cl^-, são atraídos para o polo positivo (ânodo). Os íons de compostos iônicos também se separam quando esses compostos são fundidos. É por isso que compostos iônicos conduzem eletricidade quando fundidos.

Arrhenius também disse que um ácido é uma substância que, em solução aquosa, libera íons de hidrogênio, H^+, enquanto uma base é uma substância que libera íons de hidróxido, OH^-. Ele descreveu a neutralização de ácidos com as bases como um processo em que H^+ e OH^- se juntam para formar uma molécula de H_2O. O **Conceito de Ácidos e Bases de Arrhenius** é muito restrito em seu âmbito, uma vez que só se aplica a soluções aquosas de ácidos e bases. Foi substituído em 1923 pelo Conceito de Ácidos e Bases de Brønsted-Lowry (p. 145).

Veja também o Efeito Estufa (p. 125).

O Experimento de Michelson-Morley

Albert Abraham Michelson (1852-1931)
Edward Morley (1838-1923)

1883
Estados Unidos

O objetivo do experimento era medir o efeito do movimento da Terra sobre a velocidade da luz.

Esse experimento célebre não encontrou nenhuma evidência da existência de tal efeito.

No século 19, os cientistas acreditavam que as ondas de luz viajavam pelo "éter" que preenchia o espaço. Como a Terra se move em sua órbita a uma velocidade de cerca de 30 km/s, os cientistas esperavam encontrar algum efeito do movimento da Terra na velocidade da luz. Em outras palavras, as ondas de luz que viajassem na direção do movimento da Terra deveriam andar mais rápido, sendo auxiliadas pelo movimento do hipotético "éter", enquanto que as ondas de luz viajando no sentido oposto ao da Terra seriam desaceleradas.

O experimento de Michelson e Morley foi projetado para detectar qualquer mudança na velocidade da luz. Em seu experimento, realizado durante quatro dias em um porão em Cleveland, Ohio, dividiram um feixe de luz em dois e os enviaram para frente e para trás entre espelhos em duas direções em ângulos retos. O aparelho foi montado em uma enorme pedra flutuando em mercúrio, de modo que pudesse ser girada em qualquer direção. Descobriram que a velocidade da luz era sempre a mesma, independente da velocidade de sua fonte. Não sabiam explicar essa discrepância. A explicação surgiu em 1905, quando Einstein formulou sua Teoria da Relatividade Restrita (p. 132).

As Ondas de Rádio de Hertz
Heinrich Hertz (1857-1894)

1888
Alemanha

As ondas de rádio podem ser produzidas por faíscas elétricas. Elas têm a mesma velocidade da luz e se comportam como a luz.

A descoberta de Hertz forneceu a base para a radiodifusão. As ondas de rádio são ondas eletromagnéticas. Outros tipos importantes de ondas eletromagnéticas são: raios gama, raios X, radiações ultravioleta, luz visível, radiação infravermelha e de micro-ondas.

Em 1864, As Equações de Maxwell (p. 104) revelaram a existência de ondas eletromagnéticas, mas ninguém conseguia encontrar uma maneira de provar sua existência. Em 1888, Hertz, um jovem professor recém-casado da Universidade Técnica de Karlsruhe, decidiu encontrar essas ondas ardilosas. Ele modificou uma bobina de indução para gerar faíscas através de um espaço entre duas esferas de latão. Naquela época, esta era uma configuração comum para demonstrar a descarga elétrica. A poucos metros de distância da bobina de indução, ele colocou uma espira ligada a duas bolas de metal separadas por um espaço minúsculo. Quando ele passou a descarga através da bobina de indução, ficou espantado ao notar uma pequena faísca na espira a uma curta distância. Sua mulher estava com ele para testemunhar a primeira transmissão a rádio da história: uma onda emitida de um ponto tinha sido recebida em outro. Sem música, sem programas de rádio, apenas uma minúscula faísca azul e uma entrada no diário de Hertz no dia primeiro de novembro de 1886: "Vibrações elétricas verticais, em cabos esticados em linha reta, descobertas; comprimento de onda, 3 m".

A faísca induzida provou que as ondas eletromagnéticas existiam de fato. Um ano depois, Hertz foi capaz de medir a velocidade dessas ondas e mostrar que era igual à da luz. Seus experimentos mostraram ainda que as ondas eletromagnéticas podem ser refratadas, refletidas e polarizadas da mesma forma como a luz.

Hertz nunca percebeu a importância de sua descoberta. Quando mostrou sua experiência para seus alunos, alguém perguntou para que a descoberta poderia ser usada. "Para nada, eu acho", respondeu Hertz.

Coube ao físico italiano Guglielmo Marconi (1874-1937) desenvolver a tecnologia para o uso prático das ondas hertzianas.

Hoje, estamos familiarizados com todos os tipos de ondas eletromagnéticas que compõem o espectro eletromagnético completo. Todas viajam com a velocidade da luz e diferem umas das outras em sua frequência. Medimos essa frequência em hertz (Hz), unidade assim chamada em honra a Hertz.

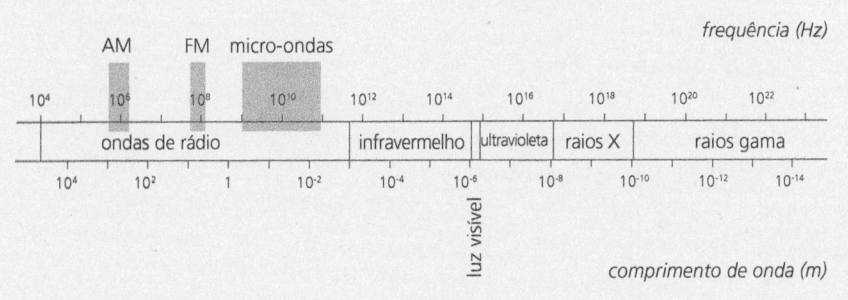

Parte do espectro eletromagnético (das ondas de rádio aos raios gama)

O Princípio de Le Châtelier

1888
França

Henri Louis Le Châtelier (1850-1936)

Quando um sistema em equilíbrio é submetido a mudanças em suas condições, ele se ajusta de forma a se opor a essa mudança.

O princípio é uma consequência da Lei da Conservação de Energia (p. 90). "A reflexão irá mostrar que esse princípio decorre necessariamente para que a conservação de energia seja possível; caso contrário, máquinas de movimento perpétuo custariam um centavo a dúzia e seríamos capazes de criar uma quantidade ilimitada de energia a partir de qualquer pequeno empurrão inicial", disse George Gamow (p. 173) em 1963. As máquinas de movimento perpétuo ainda fascinam as pessoas e, se você fizer uma busca por elas na *web*, milhares de sites aparecerão na tela para entretê-lo perpetuamente.

O Princípio de Le Châtelier é inestimável para a compreensão de como controlar a produção industrial de produtos químicos como a amônia. Na produção da amônia, o nitrogênio e o hidrogênio reagem para formar amônia, ou seja, nitrogênio + hidrogênio ↔ amônia (a seta dupla mostra que a reação funciona nos dois sentidos). Quando a pressão do sistema é aumentada, mais amônia é produzida, mas quando a pressão é reduzida, a amônia é decomposta em nitrogênio e oxigênio. Assim, por meio do controle da temperatura e pressão, os químicos podem produzir amônia com um mínimo de desperdício.

Le Châtelier foi um químico e professor na École des Mines de Paris. Ele é também lembrado por inventar termopares para medição de altas temperaturas (1877) e a solda de oxiacetileno (1895).

O Conceito de Tesla de Corrente Alternada

Nikola Tesla (1856-1943)

1888
Estados Unidos

A transmissão de alta tensão em longas distâncias usando corrente alternada (CA) é mais eficiente que a transmissão usando corrente contínua (CC).

A transmissão em corrente contínua não é mais usada em lugar algum do mundo.

Em 1880, o inventor americano Thomas Edison (1847-1931) desenvolveu a geração de corrente contínua e montou sua Edison Light Company para construir usinas. A corrente contínua perde muito de sua energia quando transmitida por longas distâncias através de fios, e, portanto, as usinas de energia de corrente contínua tinham que ficar próximas às cidades. Em 1888, Tesla inventou o motor de corrente alternada e sugeriu que a transmissão de corrente alternada era mais eficiente. Edison opôs-se ferozmente às ideias de Tesla, mas Tesla convenceu o empresário George Westinghouse (1846-1914) a construir a primeira usina comercial usando corrente alternada nas cataratas do Niágara. Em 16 de novembro de 1896, essa usina hidrelétrica se tornou a primeira usina de energia elétrica a transmitir energia entre duas cidades (de Niagara Falls a Buffalo, em Nova Iorque).

Tesla, nascido na Croácia, foi um gênio tão à frente de seu tempo que seus contemporâneos não compreenderam seus inventos revolucionários. Além de inventar e desenvolver a energia em CA, ele inventou os motores de indução, dínamos, transformadores, condensadores, turbinas sem hélice, conta-giros mecânicos, velocímetros de automóveis, lâmpadas de descarga de gás – precursoras das lâmpadas fluorescentes –, radiodifusão, e centenas de outras coisas (há mais de 700 patentes em seu nome). A unidade de densidade de fluxo magnético, Tesla (T), é assim chamada em sua honra.

A Caixa Mágica de Friese-Greene

1889
Inglaterra

A Caixa Mágica de Friese-Greene era uma câmera capaz de tirar uma série de fotografias em um rolo de película perfurada em movimento intermitente por trás de um obturador.

Este é o princípio básico da câmera cinematográfica.

O fotógrafo e inventor Friese-Greene estava fazendo experiências com imagens em movimento já no início dos anos 1880, muito antes da invenção de Thomas Edison do cinetoscópio que ocorreu mais tarde naquela mesma década. Essa máquina tinha um visor para o espectador e mostrava fotos de papelão, em rápida sucessão, criando assim o efeito de movimento contínuo.

No começo de sua carreira profissional, Friese-Greene trabalhou com J.A.R. Rudge, inventor do fantascópio, um lanterna mágica aperfeiçoada que usava uma série de diapositivos em rápida sucessão. Mais tarde, ele abriu sua loja de fotografia em Piccadilly, Londres. Lá, passava seu tempo fazendo experimentos. Seu principal objetivo era encontrar o tipo certo de filme. Primeiro, tentou o vidro; em seguida, tiras de papel embebidas em óleo de mamona para torná-las transparentes; e, finalmente, papel de celuloide revestido com emulsão sensível. Foi no papel de celuloide que encontrou o tipo de filme que estava procurando.

Friese-Greene não era um bom mecânico. Com a ajuda de um amigo engenheiro, construiu sua câmera de filmar. A câmera era capaz de tirar uma série de fotografias em um rolo de película perfurada que se movia intermitentemente por trás de um obturador.

Numa manhã de 1889, ele foi ao Hyde Park de Londres para filmar cerca de 60 cm de filme. Naquela noite, em seu laboratório, ele revelou a tira de filme e correu até seu projetor. Imediatamente, viu na tela o sonho de toda uma vida se tornando verdade: carruagens e pedestres cambaleantes, movendo-se quase como na vida real! Ele ficou ensandecido com a excitação da descoberta.

"Eu consegui! Eu consegui!" Gritando de alegria, Friese-Greene correu para a rua e arrastou um policial que passava para dentro de sua casa. Ele passou o filme novamente em seu projetor para sua assustada audiência de uma pessoa, fazendo do policial o primeiro homem no mundo a assistir a um filme. Naquela noite, um sonho transformou-se em realidade para Friese-Greene. Foi o primeiro homem a filmar e exibir um filme.

A alegria na vida do pobre inventor não iria durar, contudo. Ele não conseguiu convencer nenhum financiador a apoiar sua invenção. No século 19, nenhuma outra invenção foi perseguida por tantos inventores quanto as imagens em movimento. Por essa razão, não é fácil dizer qual deles realmente criou a cinematografia. No entanto, Edison é saudado como o inventor da cinematografia, porque Friese-Greene não conseguiu fazer uma boa apresentação de um filme.

Friese-Greene morreu pobre aos 66 anos de idade. O epitáfio de seu túmulo no cemitério de Highgate, em Londres, diz: "Seu gênio concedeu à humanidade o benefício da fotografia comercial". O maravilhoso filme de John Bolting de 1951, *The Magic Box* (estrelado por Robert Donat como Friese-Greene e Laurence Olivier como o policial que Friese-Greene puxou da rua) é baseado na vida do esquecido inventor dos filmes.

As Regras de Fleming
John Ambrose Fleming (1849-1945)

1890
Inglaterra

As Regras de Fleming da mão direita e esquerda são usadas para as relações entre as direções de fluxo de corrente, movimento e campo magnético em motores elétricos e dínamos, respectivamente.

As regras são mnemônicas úteis para os estudantes. As regras, ilustradas abaixo, têm seu nome em homenagem a seu criador, o engenheiro elétrico britânico que inventou a válvula termoiônica (1904).

polegar – movimento

indicador – campo

dedo médio – corrente

A Regra de Fleming da mão esquerda é usada para motores elétricos. Aponte a mão esquerda para frente com o polegar, o indicador e o dedo médio em ângulos retos. As direções estão indicadas na figura. Use a mão direita para os dínamos. Esta é chamada de Regra de Fleming da mão direita.

A Contração de Lorentz-Fitzgerald

George Fitzgerald (1851-1901)
Hendrik Lorentz (1853-1928)

1894 -1904

Irlanda
Holanda

Um objeto em movimento parece se contrair.

A contração é insignificante a menos que a velocidade do objeto se aproxime da velocidade da luz.

Em 1894, Fitzgerald sugeriu que um objeto em movimento através do espaço encolheria ligeiramente na direção de seu movimento por um valor dependente de sua velocidade. Em 1904, Lorentz estudou esse problema de forma independente, de um ponto de vista atômico. Ele derivou um conjunto de equações para explicar o fenômeno. A partir dessas equações, podemos, por exemplo, calcular que uma régua de 1 m passando por nós a uma velocidade de 239.834 m/s (isto é, a 80% da velocidade da luz) pareceria ter apenas 60 cm de comprimento para nós, desde que não estejamos nos movendo com ela.

Um ano depois, Einstein derivou as equações de Lorentz de forma independente, a partir de sua Teoria da Relatividade Restrita (p. 132).

O Princípio da Catálise de Ostwald

1894
Alemanha

Friedrich Wilhelm Ostwald (1853-1932)

Um catalisador pode mudar a velocidade de uma reação química, mas ele, em si, não é utilizado na reação.

O efeito produzido por um catalisador é conhecido como "catálise". A ação de um catalisador é específica (isto é, um catalisador especial é necessário para catalisar uma determinada reação) e pode aumentar ou diminuir a velocidade de uma reação.

A palavra "catálise" vem do grego *katálysis*, que significa "soltar", e foi usada pela primeira vez por Jöns Jacob Berzelius (p. 88), em 1836. Ostwald, um físico-químico, estabeleceu a primeira definição moderna de catálise e fez um estudo detalhado das reações catalíticas. Ele recebeu o Prêmio Nobel de Química de 1909 por seu trabalho sobre catálise.

Não haveria vida sem catalisadores. As células vivas produzem enzimas que agem como catalisadores para todas as reações químicas que ocorrem nos organismos vivos. Ostwald foi o primeiro a provar a ação catalítica das enzimas. O corpo humano contém milhares de tipos diferentes de enzimas. Por exemplo, uma enzima chamada "amilase", existente em nossa saliva, aumenta a taxa em que o amido é convertido em açúcares.

A poluição do ar é reduzida devido ao uso de um catalisador nos carros: o dispositivo acelera reações em que os gases nocivos contidos no combustível não queimado – monóxido de carbono e óxidos de nitrogênio – são convertidos em dióxido de carbono, água e nitrogênio, amigáveis para o meio-ambiente.

Os Raios X de Röntgen
Wilhelm Röntgen (1845-1923)

1895
Alemanha

Os raios X são radiação de alta energia emitida quando elétrons em movimento rápido perdem energia muito depressa.

Os raios X são altamente penetrantes e, em grandes doses, podem causar sérios danos aos tecidos vivos. Sua descoberta deu início à era moderna da Física e revolucionou a Medicina.

Röntgen, um professor de Física na Universidade de Würzburg, descobriu acidentalmente os raios X quando estava fazendo experiências com um tubo de Crooke (um tubo de descarga de gás de alta voltagem). Ele percebeu que uma pequena tela de platinocianeto de bário que estava pousada sobre a bancada brilhava intensamente quando ele passava a corrente através do tubo. Quando colocou a mão entre a tela e o tubo, ficou surpreso ao ver uma imagem dos ossos na tela. Colocou uma chapa fotográfica e uma chave dentro de um envelope de papel pardo e colocou o pacote perto do tubo. Quando revelou a chapa, a silhueta da chave apareceu.

Röntgen trabalhou febril e secretamente – sequer contou sua esposa sobre sua descoberta – durante sete semanas para descobrir as propriedades da radiação misteriosa que saía do tubo. Ele anunciou sua descoberta em um artigo: "Sobre um novo tipo de raios, uma comunicação preliminar", no qual descreveu metodicamente, em 17 seções numeradas, as propriedades dos novos raios: podem passar através da madeira, papel e alumínio; podem ionizar gases; não são afetados por campos elétricos e magnéticos; e não apresentam qualquer uma das propriedades da luz. Ele os chamou de raios X.

"Depois tudo virou um inferno", escreveu Röntgen mais tarde. A notícia causou uma imensa comoção no mundo inteiro. Enquanto os cientistas aplaudiram a nova descoberta e trabalhavam nas experiências de Röntgen, charlatães trabalhavam com o público incauto vendendo roupas íntimas à prova de raios X e outros dispositivos. Os jornais da época estavam mais interessados em reportagens fantasiosas e especulativas do que nos fatos científicos. Um exemplo: "É possível que, se tudo o que recebemos por telégrafo for verdadeiro, não haverá mais nenhuma privacidade na casa das pessoas, já que qualquer um que possua um tubo de descarga poderá ter uma visão completa de qualquer interior através de uma parede de tijolo". E outra: "Ouvi dizer que vão olhar Através do manto e robe e mesmo casas, Com estes safados raios Röntgen".

Mesmo a adorada *Scientific American* (22 de fevereiro de 1896), em vez de informar o lado científico da história, resolveu reimprimir um poema do *Punch* de Londres. Um trecho:

*Röntgen, a notícia é verdadeira
não é truque nem boato vazio
devemos ter cuidado contigo
e teu humor macabro e sombrio.*

Felizmente, essa bobagem não durou muito. Poucos meses depois, os raios X já estavam sendo usados para diagnósticos médicos. Röntgen não patenteou seu aparelho. Recebeu o primeiro Prêmio Nobel de Física em 1901.

O Efeito Estufa
Svante Arrhenius (1859-1927)

1896

Suécia

A energia irradiada da superfície da Terra é absorvida pelo dióxido de carbono, agindo como um cobertor térmico ao redor do globo e, assim, criando o efeito estufa.

Um século depois de Arrhenius ter proposto sua teoria, sabemos hoje que o Efeito Estufa é causado por muitos gases presentes na atmosfera e que retêm calor: dióxido de carbono, óxido nitroso, metano, ozônio e fluorocarbonetos.

A queima de combustíveis fósseis e a destruição das florestas continua aumentando a concentração de dióxido de carbono na atmosfera. O dióxido de carbono é o mais abundante dos gases que provocam o Efeito Estufa. As concentrações de óxido nitroso (fonte principal: escapamento de veículos), metano (fonte principal: flatulência do gado; por exemplo, uma vaca despeja cerca de 300 litros de metano no vento a cada dia) e fluorocarbonetos (fonte principal: processos industriais) também estão aumentando. Esses gases absorvem a radiação da Terra e causam o **aquecimento global**.

A temperatura média da superfície global aumentou 0,2 °C desde que o Efeito Estufa foi previsto por Arrhenius. Se o aquecimento global continuar de forma descontrolada, os cientistas preveem que a temperatura da superfície global poderia subir até 2,5 °C nos próximos 50 anos, com variações regionais significativas. O aumento da temperatura global deve elevar o nível do mar e alterar outras condições climáticas locais. O nosso planeta, em média, ficará mais úmido.

Veja também a Teoria de Arrhenius da Dissociação Iônica (p. 112).

1897 O Modelo Atômico de Thomson

Joseph John Thomson (1856-1940)

Inglaterra

O átomo é uma esfera de prótons com carga positiva na qual elétrons carregados negativamente estão embutidos (como passas em uma sobremesa) em quantidade suficiente para neutralizar a carga positiva.

O Modelo de Thomson foi o primeiro modelo para a estrutura interna do átomo.

Em 1886, o físico alemão Eugen Goldstein (1850-1931) descobriu que um tubo de raios catódicos emite fluxos de partículas carregadas positivamente, além dos raios catódicos usuais. Essas partículas foram denominadas "prótons". No ano seguinte, Thomson mostrou que os raios catódicos poderiam ser detectados por um campo magnético ou um campo elétrico. Concluiu que os raios catódicos eram fluxos de partículas carregadas negativamente e que essas partículas (mais tarde denominadas "elétrons") vinham dos átomos do metal do eletrodo carregado negativamente, ou catodo.

Em 1909, foi determinado que a massa de um elétron é igual a $1/_{1837}$ da massa de um próton (p. 135). Os elétrons são as unidades fundamentais da eletricidade: a eletricidade é um fluxo de elétrons em um meio condutor. A descoberta do próton e do elétron levou Thomson a propor seu famoso modelo atômico. O Modelo de Thomson foi logo substituído por um modelo superior proposto por seu aluno, Rutherford (ver p. 138).

O Conceito de Grupos Sanguíneos de Landsteiner
Karl Landsteiner (1868-1943)

1897
Áustria

O sangue de todas as pessoas recai em um dentre três grupos de sangue: A, B e O.

O quarto grupo sanguíneo, nomeado AB, foi descoberto um ano depois. A descoberta dos grupos sanguíneos tornou segura a transfusão de sangue.

Landsteiner, um assistente do Instituto de Higiene na Universidade de Viena, ficou interessado em "diferenças" no sangue, quando viu que muitas pessoas morriam devido à transfusão sanguínea durante cirurgias. Por essa percepção extraordinária, ele recebeu o Prêmio Nobel de Fisiologia ou Medicina em 1930.

Hoje, o sangue humano é classificado em função da presença ou ausência de certos antígenos na superfície dos glóbulos vermelhos e dos anticorpos naturais (p. 183) no plasma. A transfusão de sangue é segura apenas se os grupos sanguíneos forem compatíveis.

Grupo sanguíneo	Antígenos nas células vermelhas do sangue	Anticorpo no plasma	Pode doar sangue para	Pode receber sangue de
A	A	Anti-B	A e AB	A e O
B	B	Anti-A	B e AB	B e O
AB	A e B	Nenhum	AB	Todos os grupos
O	Nenhum	Anti-A e anti-B	Todos os grupos	O

1898-1902

França

As Experiências de Marie e Pierre Curie sobre Pechblenda

Marie Curie (1867-1934)
Pierre Curie (1859-1906)

Pechblenda, o minério do qual o urânio é extraído, é muito mais radioativo que o urânio puro. O minério deve, portanto, conter elementos radioativos desconhecidos.

O casal Curie isolou dois novos elementos radioativos, o polônio e o rádio, da pechblenda.

Em 1896, o cientista francês Henri Becquerel (1852-1908) deixou acidentalmente uma amostra de pechblenda – o minério natural de cor marrom a partir do qual o urânio é obtido – sobre uma chapa fotográfica, que estava coberta por um papel preto protetor. Quando ele revelou a chapa, por engano, para sua surpresa descobriu que havia uma imagem sobre ela. A imagem era similar ao recipiente em que a pechblenda tinha sido armazenada. Becquerel repetiu cuidadosamente esse experimento acidental e demonstrou que a pechblenda emite uma radiação invisível. Mas ele foi incapaz de explicar a natureza dessa radiação.

A descoberta de Becquerel chamou a atenção de Marie, nascida na Polônia, e de seu marido, Pierre, um francês. Marie investigou o fenômeno sistematicamente e mostrou que a quantidade de radiação da pechblenda era proporcional ao peso do urânio presente.

Ela estava convencida de que a pechblenda continha outros elementos radioativos, porque gerava mais radiação do que se houvesse apenas urânio. Pierre abandonou seu próprio trabalho de pesquisa para ajudar Marie em sua busca do novo elemento. Seus experimentos foram conduzidos em um velho e miserável galpão da Escola de Física em Paris. O galpão era frio e úmido no inverno e insuportavelmente quente no verão. Estava sempre cheio de fumaça e gases de um caldeirão borbulhante. Após quatro anos de trabalho árduo – que envolveu a separação dos componentes de seis toneladas de pechblenda por meio de experiências químicas e físicas –, Marie acabou conseguindo extrair alguns miligramas de dois novos elementos.

Chamou o primeiro elemento de "polônio" (em homenagem a sua terra natal, a Polônia), e o segundo de "rádio" (do latim *radius,* raio), e a emissão de radiações de certas substâncias foi chamada de "radioatividade".

Em 1903, Marie compartilhou o Prêmio Nobel de Física de 1903, por estudos sobre radioatividade, com Pierre e Becquerel. Ela foi premiada com o Prêmio Nobel de Química de 1911 por sua descoberta do polônio e do rádio. Marie não apenas era um grande cientista, mas também uma grande mulher. Sua vida é um verdadeiro exemplo de coragem e perseverança. Suas descobertas foram em benefício da humanidade. Ela se recusou a obter patentes extremamente rentáveis pelo rádio, dizendo que esse elemento é um instrumento de misericórdia e pertence ao mundo.

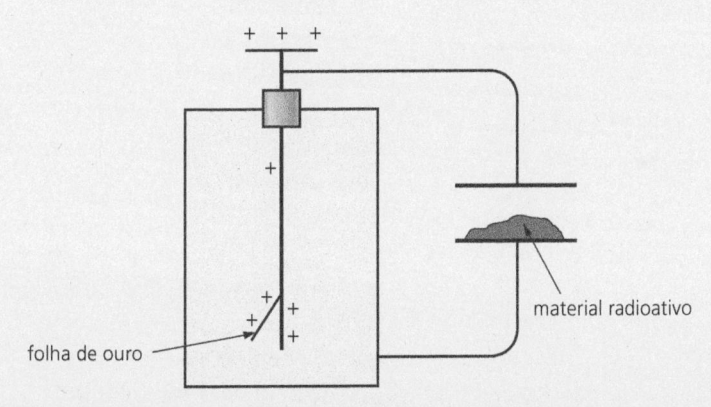

O casal Curie usou um eletroscópio simples de folha de ouro para fazer os testes de radioatividade. Quando o eletroscópio recebe uma carga, a folha de ouro é repelida. Quando uma substância radioativa é colocada sobre a placa, a carga é perdida (ou: "é neutralizada") e a folha de ouro cai.

A Teoria Quântica
Max Planck (1858-1947)

1900
Alemanha

> A energia não é uma quantidade contínua, mas sim quantizada, isto é, flui em pacotes discretos ou *quanta* (*quantum*, no singular). Quando as partículas emitem energia, apenas o fazem em *quanta*.

A teoria marcou o nascimento da mecânica quântica (o estudo do movimento e da interação de partículas elementares).

De acordo com a Teoria Quântica, a energia *(E)* de um *quantum* (agora chamado de *fóton*) é dada por $E = hf$, em que *f* é a frequência da radiação e *h* é uma constante, hoje chamada de **Constante de Planck**, e seu valor é de $6,63 \times 10^{-34}$ joules por segundo.

A Teoria Quântica foi imediatamente aceita pelos cientistas. Em 1905, Einstein aplicou-a em sua teoria do efeito fotoelétrico. Bohr usou-a em 1913, para desenvolver o modelo quântico do átomo (p. 141). Planck foi agraciado com o Prêmio Nobel de Física de 1918.

Embora sempre tenha se oposto aos nazistas, Planck acreditava estar velho demais para se opor à ascensão de Hitler. Na Alemanha de Hitler, ele continuou a trabalhar como presidente do Kaiser-Wilhelm Institute (hoje Instituto Max Planck). Poucos meses antes de morrer, escreveu um relato detalhado de como tentou obter uma audiência com Hitler "para dizer uma palavra a favor" de seus colegas judeus. Seu amigo Einstein nunca o perdoou por não ter demonstrado uma oposição mais firme a Hitler, e nunca falou novamente com ele após a guerra.

A Teoria dos Reflexos Condicionados de Pavlov
Ivan Pavlov (1849-1936)

1903
Rússia

Um reflexo inato ou preexistente é algo que fazemos automaticamente, sem pensar (como mover a mão longe do fogo). Um reflexo condicionado é uma resposta aprendida a um estímulo do ambiente (por exemplo, um sino pode, por meio da experiência, fazer um cão babar). O processo de aprendizagem para conectar um estímulo a um reflexo é chamado de "condicionamento".

O **trabalho de Pavlov preparou o caminho para um estudo objetivo do comportamento humano.**

Em 1890, Pavlov, um fisiologista, fez exaustivos estudos do sistema digestivo dos cães. Ele foi agraciado com o Prêmio Nobel de Fisiologia ou Medicina, em 1904, por seu trabalho pioneiro. No entanto, Pavlov começou sua obra mais conhecida sobre reflexos condicionados em 1903 e continuou trabalhando nisso até sua morte.

Durante suas experiências com cães, Pavlov descobriu que, sem a salivação, o cérebro não recebe a mensagem para iniciar a digestão. Perguntou-se se o processo de aprendizagem poderia afetar a salivação. Para testar isso, iniciou uma série de experimentos com cães, hoje conhecidos por todos os estudantes de Psicologia. Em um experimento, fez oscilar um metrônomo antes de dar comida a um cão. Após algum tempo, o cão começou a salivar em resposta ao som do metrônomo, antes mesmo que a comida chegasse. Partindo de suas experiências, Pavlov concluiu que reflexos inatos e condicionados permitiam que um animal modificasse seu comportamento com base na experiência.

1905
Suíça

A Teoria da Relatividade Restrita
Albert Einstein (1879-1955)

(1) O princípio da relatividade: todas as leis da Ciência são as mesmas em todos os referenciais.
(2) Constância da velocidade da luz: a velocidade da luz no vácuo é constante e independente da velocidade do observador.

Estes são os dois pressupostos fundamentais da teoria.

Quando formulou sua Teoria da Relatividade Restrita, Einstein tinha 26 anos e trabalhava como assistente no Escritório de Patentes da Suíça, em Berna. A importância da Teoria de Einstein não foi reconhecida pelos cientistas durante muitos anos porque não havia nenhuma evidência experimental para apoiá-la.

A teoria diz que o tempo não é uma quantidade absoluta. Nossas medidas de tempo são afetadas por nosso movimento. O avanço dos relógios depende de seu movimento relativo. Uma pessoa afastando-se de um relógio iria observá-lo mover-se mais lentamente do que seu próprio relógio. A teoria também diz que a massa de um objeto em movimento aumenta conforme sua velocidade aumenta. Na velocidade da luz, que é de cerca de 300 mil km/s, a massa se torna infinita e, portanto, nada pode se mover mais rápido que a luz.

Teoricamente, uma nave espacial viajando próxima à velocidade da luz levaria nove anos de acordo com o calendário terrestre para fazer uma viagem de ida e volta a Alfa do Centauro, a estrela mais próxima depois do Sol. Contudo, devido às mudanças relativistas no tempo, ao retornar à Terra, a tripulação descobriria que muitas décadas haviam se passado. No entanto, a tripulação não iria notar nenhuma mudança na nave espacial. De seu ponto de vista, a espaçonave está parada, e a Terra se move quase, à velocidade da luz, então o tempo na Terra fica mais lento.

O tempo relativo cria um paradoxo interessante: se um gêmeo parte em uma viagem espacial de alta velocidade, voltaria mais jovem do que seu irmão, que ficou em casa.

A Teoria da Relatividade Restrita desafia o senso comum, mas Einstein dizia que o senso comum era apenas "um depósito de preconceitos colocados na cabeça antes dos 18 anos". Certa vez ele comentou que era o senso comum que se opunha, em certa época, à ideia de que a Terra é redonda.

E, se você pudesse viajar mais rápido que a luz, como Lucia fez de acordo com um texto humorístico famoso, você voltaria para casa no dia anterior ao que tinha partido.

Havia uma jovem chamada Lucia
Que podia viajar muito mais rápido que a luz.
Partiu um dia, viajando como Einstein,
Quando retornou, era a noite anterior.

Enquanto a Teoria de Einstein reinar suprema, as viagens no tempo para o passado continuarão no reino da ficção científica. Entretanto, Virgílio, o maior dos poetas latinos, continua verdadeiro: "O tempo voa – voa para nunca mais voltar".

Veja também a Teoria da Relatividade Geral (p. 142).

1905

Suíça

$E = mc^2$
Albert Einstein (1879-1955)

A energia de um corpo (E) é igual a sua massa (m) multiplicada pela velocidade da luz (c) elevada ao quadrado.

A equação mais famosa do mundo mostra que massa e energia são mutuamente conversíveis em determinadas circunstâncias.

Durante séculos, os cientistas acreditavam que energia e massa eram duas coisas completamente distintas. Einstein mostrou que massa e energia são uma só coisa. A equação de massa-energia é uma consequência da Teoria da Relatividade Restrita de Einstein (p. 132).

Para compreender o significado de $E = mc^2$, considere o seguinte: E é a energia em joules, m é a massa em quilogramas e c é a velocidade da luz em metros por segundo. Portanto, a energia liberada por 1 kg de matéria

= 1 x 300.000.000 x 300.000.000
= 90.000 milhões de milhões de joules

= energia liberada por 20.000 quilotons de TNT.

A bomba de Hiroshima tinha apenas 15 quilotons. Durante anos, Einstein acreditou que a energia não podia ser liberada em uma escala tão grande. As aplicações posteriores da Física Nuclear, contudo, provaram que ele estava errado. Podemos dizer que $E = mc^2$ inaugurou a era atômica.

O Experimento da Gota de Óleo de Millikan
Robert Millikan (1868-1953)

1909
Estados Unidos

Millikan mediu a carga do elétron.

Esse experimento mostrou que o elétron era a unidade fundamental da eletricidade, isto é, a eletricidade é o fluxo de elétrons.

O engenhoso arranjo experimental utilizado por Millikan consistiu de uma pequena caixa ligada a um microscópio. Um atomizador foi usado para introduzir gotas de óleo mineral entre duas placas circulares carregadas, que estavam a cerca de 2 cm de distância. Ajustando a tensão, a carga nas placas foi mudando até que as gotas ficassem suspensas no ar. Nessa condição, a força devido à carga na gota de óleo (força elétrica para cima) superou seu peso (força da gravidade para baixo).

A partir desse experimento, Millikan calculou que a carga básica de um elétron seria de $1{,}6 \times 10^{-19}$ coulomb (por convenção, essa taxa é chamada de "carga unitária negativa", -1). Essa carga não pode ser subdividida. Millikan também determinou que a massa de um elétron é equivalente a $1/1.837$ da massa de um próton, ou $9{,}1 \times 10^{-31}$ kg.

Em 1923, Millikan se tornou o segundo americano (Michelson, p. 113, havia sido o primeiro, em 1907) a ganhar o Prêmio Nobel de Física. Ele disse uma vez: "Cultive o hábito da atenção e tente obter a oportunidade de ouvir pessoas sábias falarem. A indiferença e a desatenção são os dois monstros mais perigosos que você já conheceu. Interesse e atenção lhe garantirão uma boa educação".

1909

Dinamarca

A Escala de pH
Søren Peter Sørensen (1868-1939)

Uma escala de acidez e alcalinidade. Vai de 0 (mais ácido) a 14 (mais alcalino). Uma solução neutra tem um pH igual a 7. Uma solução é ácida quando seu pH é menor que 7 e básica (alcalina) quando o pH for superior a 7.

A escala é logarítmica. Por exemplo, um copo de cerveja com um pH de 4 é dez vezes mais ácido do que uma xícara de café preto com um pH de 5.

O pH (abreviação de "poder de hidrogênio") mede a concentração de íons de hidrogênio, H, na água. Portanto, a escala de pH só pode ser usada para as soluções de ácidos e bases em água. Alguns dos valores de pH mais comuns são mostrados abaixo:

Ácido de bateria	0,1 a 0,3	Água potável mais comum	6,3 a 6,6
Ácido estomacal	1,0 a 3,0	Água pura	7,0
Vinagre	2,4 a 3,4	Água do mar	7,8 a 8,3
Refrigerantes	2,5 a 3,5	Amônia	10,6 a 11,6
Solo (o melhor para a maioria das plantas)	6,0 a 7,0	Desentupidor de ralos	14

A Supercondutividade
Heike Kamerlingh Onnes (1853-1926)

1911
Holanda

Em temperaturas muito baixas, alguns materiais conduzem eletricidade sem nenhuma resistência, ou seja, praticamente sem perda alguma de energia.

Esses materiais são chamados de "supercondutores" e têm muitas aplicações tecnológicas.

Em 1908, Kamerlingh Onnes, um físico, conseguiu resfriar o hélio a temperaturas próximas do Zero Absoluto (-273,15 °C; p. 94). Ele usou essa "geladeira" para estudar as propriedades dos metais em baixas temperaturas. Em 1911, ele descobriu que os metais como o mercúrio, o chumbo e o estanho se tornam supercondutores a temperaturas muito baixas. Ele foi agraciado com o Prêmio Nobel de Física de 1913 por sua descoberta.

Hoje, os cientistas sabem que cerca de 24 elementos e centenas de compostos tornam-se supercondutores perto do Zero Absoluto, uma temperatura que pode ser alcançada apenas usando o hélio. Como o hélio é raro e caro, a tecnologia de supercondutores avançou pouco até 1986, quando os cientistas desenvolveram uma cerâmica que se torna supercondutora perto da temperatura do nitrogênio líquido, -196 °C.

A aplicação mais importante dos supercondutores na medicina é a ressonância magnética por imagem (MRI, na sigla em inglês), que é usada pelos médicos para sondar o corpo humano. Equipamentos de MRI trabalham com eletroímãs extremamente poderosos. Se esses ímãs fossem feitos a partir de metais comuns, seriam tão grandes quanto um caminhão e iriam gerar tanto calor que seriam necessários literalmente rios de água para refrigerá-los. Eletroímãs supercondutores fazem o mesmo trabalho sem gerar calor, e são tão pequenos que cabem em uma mesa de centro.

1911

Inglaterra

O Modelo Atômico de Rutherford

Ernst Rutherford (1871-1937)

O átomo contém um núcleo de alta densidade e cargas positivas muito concentradas. A maior parte do átomo é espaço vazio, e os elétrons se movem em torno do pequeno núcleo central como planetas ao redor do Sol.

O Modelo de Rutherford ainda é considerado essencialmente correto, mas foi modificado por cientistas posteriores.

Rutherford, nascido na Nova Zelândia, era professor de Física da Universidade de McGill, no Canadá, quando anunciou, em 1902, sua **Teoria da Radioatividade**:

"A radioatividade se deve à desintegração do núcleo, ou seja, a quebra do núcleo do átomo em partes menores. Um átomo radioativo emite três tipos de radiação – partículas alfa, beta e raios gama – e decai para um elemento novo". Embora a teoria tenha sido inicialmente recebida com incredulidade generalizada (um de seus colegas perguntou, com sarcasmo, por que os átomos radioativos seriam tomados por uma "mania suicida incontrolável"), Rutherford recebeu o Prêmio Nobel de Química de 1908 por sua descoberta.

Ele adorava dizer aos amigos que a transformação mais rápida que ele conhecia era a sua transformação de físico em químico.

Em 1909, já na Universidade de Manchester, Inglaterra, Rutherford pediu a seu colega, Hans Geiger – que mais tarde inventaria o famoso contador Geiger –, e Ernest Marsden, um estudante brilhante de pós-graduação, que estudassem a dispersão de partículas alfa, que são núcleos de hélio carregados positivamente. Eles bombardearam uma folha fina de ouro com partículas alfa de alta velocidade a partir de um elemento radioativo. Quase todas as partículas passaram diretamente pela folha de ouro (com cerca de mil átomos de espessura), mas aproximadamente uma em cada 20 mil foi refletida. De acordo com os cálculos baseados no Modelo Atômico de Thomson (p. 126), partículas alfa positivamente carregadas deviam passar diretamente através da folha de ouro, como uma bala atravessando uma folha de papel.

O resultado do experimento surpreendeu Rutherford. "Foi quase tão incrível como se você disparasse um projétil de 40 cm em um lenço de papel e ele quicasse de volta", comentou. Para explicar as observações experimentais, Rutherford sugeriu que a maior parte do átomo de ouro era um espaço vazio e que quase toda a massa e carga positiva estavam concentradas em um núcleo minúsculo. A maioria das partículas alfa não bateu no minúsculo núcleo de ouro e atravessou a lâmina sem impedimentos.

Rutherford sugeriu um novo modelo do átomo: "O átomo contém um núcleo de alta densidade e cargas positivas muito concentradas. A maior parte do átomo é espaço vazio, e os elétrons se movem em torno do pequeno núcleo central como planetas ao redor do Sol". Durante os 12 meses seguintes, Geiger e Marsden realizaram novos experimentos que provaram que o novo modelo de fato estava correto. Depois de anunciar sua teoria atômica, em 1911, Rutherford, com um largo sorriso, fez um comentário para seus colegas sobre seus críticos: "Alguns deles pagariam mil libras para refutá-la".

Veja também o Átomo de Bohr (p. 141).

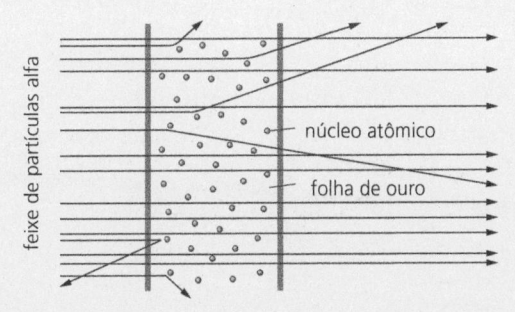

Como a folha de ouro revelou a existência do núcleo atômico. O diagrama mostra como algumas partículas alfa passam direto através da folha de ouro, enquanto outras são desviadas ou quicam para trás depois de entrar em contato com os núcleos de ouro.

A Lei de Bragg

1912
Inglaterra

William Henry Bragg (1862-1942)
William Lawrence Bragg (1890-1971)

Raios X espalhados por um cristal irão exibir uma interferência construtiva desde que seu comprimento de onda λ se encaixe na equação $2d\operatorname{sen}\theta = n\lambda$, onde d é o espaçamento entre os átomos do cristal, θ é o ângulo de espalhamento dos raios, e n é um número inteiro.

Pode ser complexa, mas essa lei é a pedra angular da astuta ciência da cristalografia, que desvendou o fantástico mundo microscópico dos átomos e das moléculas.

William Henry e William Lawrence eram pai e filho. William Henry nasceu na Inglaterra e foi para a Austrália em 1885, como professor de Matemática e Física da Universidade de Adelaide. Seu filho mais velho, William Lawrence, nasceu em Adelaide e se formou na Universidade de Adelaide. Em 1909, os dois voltaram para a Inglaterra e lá ambos trabalharam juntos em estruturas cristalinas utilizando raios X, fundando, assim, a ciência da cristalografia de raios X.

Por seu trabalho pioneiro sobre os raios X e a estrutura atômica dos cristais, bem como sua descoberta de que os átomos em cristais estão dispostos em formações regulares, como laranjas empilhadas em uma barraca de frutas, Henry e Lawrence Bragg ganharam em conjunto o Prêmio Nobel de Física de 1915. São a única dupla de pai e filho já homenageada com o prêmio. William Lawrence continua sendo a pessoa mais jovem a ganhar o Prêmio Nobel, aos 25 anos de idade.

O Átomo de Bohr
Niels Bohr (1885-1962)

1913

Dinamarca

Os elétrons dentro de átomos estão restritos a determinadas órbitas, chamadas de "órbitas permitidas", mas eles podem mudar de uma órbita permitida para outra.

O Modelo de Bohr foi o primeiro modelo quântico para a estrutura do átomo.

Bohr, que trabalhava com Rutherford em Manchester, melhorou o Modelo Atômico de Rutherford (p. 138), que havia dito que os elétrons estavam livres para orbitar o núcleo como quisessem. Além de mostrar que os elétrons estão restritos a órbitas, o Modelo de Bohr também sugeriu que:

- a órbita mais próxima do núcleo é a de menor energia, com níveis de energia sucessivamente maiores nas órbitas mais distantes;
- quando um elétron salta para uma órbita mais baixa, ele emite um fóton;
- quando um elétron absorve energia, ele salta para uma órbita mais elevada.

Bohr chamou o salto para outra órbita de "salto quântico" – o elétron nunca atravessa o espaço entre duas órbitas. Essa expressão hoje faz parte de nossa linguagem cotidiana: "A clonagem da ovelha Dolly foi um salto quântico para a genética".

Bohr ganhou o Prêmio Nobel de Física em 1922 (seu filho Aage ganhou o Prêmio Nobel de Física de 1975). Em 1943, Bohr teve que fugir da Dinamarca ocupada pelos nazistas. Foi primeiro para a Inglaterra, depois para os EUA, onde trabalhou em Los Alamos no projeto nuclear. Antes que deixasse a Dinamarca, Bohr dissolveu sua medalha do Prêmio Nobel em uma garrafa de ácido que deixou para trás. Após a guerra, ele recuperou o ouro do frasco e cunhou uma nova medalha.

Veja também a Teoria Quântica (p. 130).

A Teoria da Relatividade Geral
Albert Einstein (1879-1955)

1915
Alemanha

Objetos não atraem um ao outro exercendo força, mas a presença da matéria no espaço causa uma curvatura no espaço de tal forma que um campo gravitacional é criado. A gravidade é uma propriedade do próprio espaço.

Essa teoria prevê que a luz deve ser desviada pela gravidade, e o tempo deve parecer correr mais devagar perto de um corpo maciço como a Terra.

Einstein previu que, quando a luz de uma estrela passa pelo Sol, ela seria desviada em direção à Terra pela gravidade do Sol. Portanto, estrelas situadas atrás do Sol podem ser vistas durante um eclipse solar total. O eclipse solar de 29 de maio de 1919 foi uma oportunidade para testar a teoria de Einstein. Cientistas britânicos organizaram duas expedições para observar o eclipse solar: uma para Ilha de Príncipe, na Costa Oeste da África; outra para Sobral, no Nordeste do Brasil. Quando Einstein recebeu a notícia dos resultados dos cientistas, ele escreveu um cartão postal empolgado para sua mãe: "As expedições inglesas conseguiram medir a deflexão da luz das estrelas pelo Sol". A Lei de Newton da Gravitação (p. 39), que reinou por mais de dois séculos, estava sendo desafiada.

Veja também a Teoria da Relatividade Restrita (p. 132).

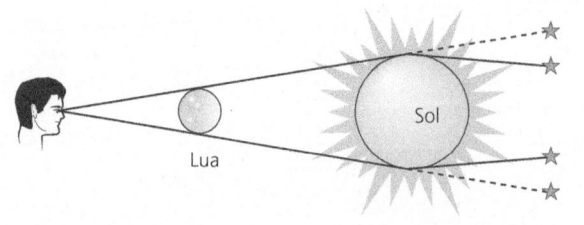

Como um eclipse solar provou a teoria da relatividade geral

A Teoria de Wegener da Deriva dos Continentes
Alfred Wegener (1880-1930)

1915
Alemanha

A terra na superfície da Terra já foi um grande supercontinente. Cerca de 250 milhões de anos atrás, ele quebrou-se nos continentes que conhecemos hoje que, desde então, derivaram para suas posições atuais.

Os **continentes ainda estão à deriva sobre a superfície da Terra.**

Quando Wegener publicou sua teoria, em seu livro *A origem dos continentes e dos oceanos*, não foi levado a sério por causa da falta de provas. Um cientista famoso chegou a dizer que era uma "completa e total porcaria". Essa visão prevaleceu até a década de 1960, quando a tecnologia foi capaz de revelar novas evidências geológicas e oceanográficas.

Em 1962, o geólogo americano Harry Hammond Hess (1906-1969) propôs a **hipótese de afastamento do assoalho oceânico:** o fundo dos oceanos está continuamente sendo separado ao longo de uma fenda estreita centrada em uma elevação de 60 mil (há estudiosos que falam em 50 mil) – conhecida como a mesodorsal oceânica – que percorre um caminho no meio do Atlântico Norte e Sul e entre os oceanos Pacífico e Índico. Material vulcânico sobe a partir do manto terrestre para preencher o fundo e cria continuamente uma nova crosta oceânica.

Hoje, a **Teoria da Tectônica das Placas** unifica as primeiras noções da deriva continental e da expansão dos fundos oceânicos. A teoria diz que a casca rígida exterior da Terra, a litosfera, consiste em seis placas principais e várias outras menores que estão em movimento em relação umas às outras. As placas têm entre 70 e 150 km de espessura e levam os continentes e as bacias oceânicas em suas costas, como balsas gigantes. As placas estão à deriva, como o gelo, em movimento lento sobre o manto, a camada semifluida subjacente à litosfera. Várias placas estão se movendo cerca de 2 cm por ano (que é aproximadamente a mesma velocidade que nossas unhas crescem).

Terremotos e vulcões estão concentrados nas fronteiras das placas. As bordas, ou margens, das placas podem afastar-se umas das outras, empurrar umas às outras ou deslizar em relação a outra. A colisão de placas forma montanhas. Quando se afastam, oceanos são formados. Placas em deslizamento formam elevações no fundo do oceano. A falha de Santo André na Califórnia é um exemplo clássico de deslizamento de placas.

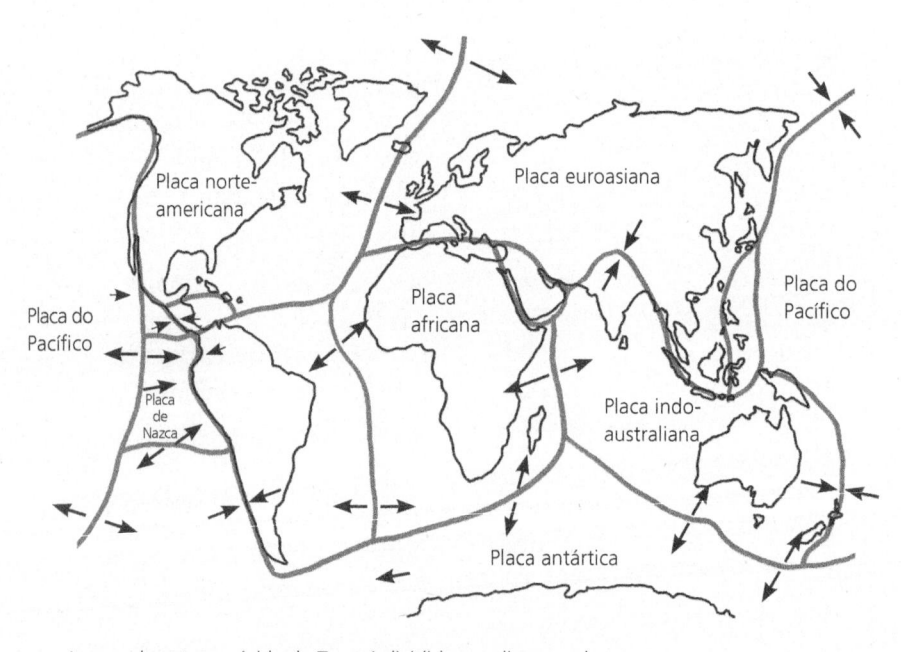

A camada externa rígida da Terra é dividida em diversas placas

O Conceito de Ácidos e Bases de Brønsted-Lowry

Johannes Brønsted (1879-1947)
Thomas Lowry (1874-1936)

1923
Dinamarca

Um ácido é uma molécula ou íon capaz de doar um próton (ou seja, um núcleo de hidrogênio, H^+) em uma reação química, enquanto a base é uma molécula ou íon capaz de aceitar um.

De forma mais simples, um ácido é um doador de prótons e uma base é um receptor de prótons.

O Conceito de Brønsted-Lowry amplia o Conceito de Arrhenius (p. 112) porque inclui reações que ocorrem na ausência de água, como a reação entre amônia e ácido clorídrico. No mesmo ano em que Brønsted e Lowry chegaram a seu conceito de forma independente e simultânea, o químico americano Gilbert Lewis (1875-1946) propôs um conceito mais generalizado. De acordo com o **Conceito de Lewis de Ácidos e Bases**, um ácido é uma molécula ou íon que pode aceitar um par de elétrons; uma base é uma molécula ou íon que pode doar um par de elétrons. O Conceito de Lewis também explica por que os óxidos metálicos são básicos (eles contêm o íon óxido, que doa dois elétrons) e óxidos não metálicos são ácidos (o íon óxido aceita dois elétrons para compartilhar com o átomo não metálico).

Todos os estudantes de Química sabem que ácidos transformam papel de tornassol azul em vermelho, e bases transformam o papel de tornassol vermelho em azul. Talvez eles não saibam que o ácido mais forte conhecido é uma solução de 80% de pentafluoreto de antimônio em ácido – é mais comum dizer "ácido fluorídrico" – e a base mais forte conhecida é o hidróxido de césio.

As Ondas de De Broglie

1924
França

Louis de Broglie (1892-1987)

Assim como os fótons, partículas como os elétrons também mostram uma dualidade onda-partícula, isto é, também se comportam como ondas de luz.

Se as ondas podem agir como partículas, então por que as partículas não poderiam se comportar como ondas? Esse raciocínio ajudou De Broglie a formular sua teoria, que desempenhou um papel importante no desenvolvimento da mecânica ondulatória.

O comprimento de onda, λ (a letra grega minúscula, lambda), da partícula material, conhecido como o "comprimento de onda de De Broglie," é dado por uma equação $\lambda = h/p$, em que h é a Constante de Plank (p. 130) e p é o momento (massa x velocidade) da partícula. O comprimento de onda de um fóton e seu momento também estão relacionados da mesma forma.

A natureza ondulatória dos elétrons foi comprovada experimentalmente em 1927. O experimento foi semelhante ao experimento de Fenda Dupla de Young (p. 64), com uma diferença: a largura das fendas era de 0,1 nanômetro. Mais recentemente, os cientistas enviaram moléculas tão grandes quanto *buckyballs* (p. 194) através das fendas de interferência, criando padrões de interferência característicos e provando que todos os átomos e moléculas podem se comportar como ondas.

De Broglie foi educado na Sorbonne, em Paris, onde apresentou sua teoria da natureza ondulatória dos elétrons em sua tese de doutorado. Os examinadores consideraram sua tese revolucionária muito estranha e pediram que Einstein comentasse a respeito. Einstein respondeu: "Pode parecer loucura, mas realmente faz sentido". A tese foi aceita, e, cinco anos depois, De Broglie recebeu o Prêmio Nobel de Física de 1929.

O Condensado de Bose-Einstein

Albert Einstein (1879-1955)
Satyendra Nath Bose (1894-1974)

1924

Alemanha
Índia

Em temperaturas próximas ao Zero Absoluto, os átomos e as moléculas perdem sua identidade separada e juntam-se em um "superátomo". Esse "superátomo" é conhecido como "Condensado de Bose-Einstein".

Como os sólidos, líquidos, gás e plasma (gases ionizados quentes encontrados em luzes fluorescentes e no Sol), o Condensado de Bose-Einstein é um estado da matéria.

Na mecânica quântica, as partículas elementares podem, em algumas circunstâncias, se comportar como ondas. As ondas – que na verdade são as ondas de probabilidade – descrevem onde é mais provável que uma partícula esteja em dado momento. O Princípio da Incerteza (p. 150) dita que é impossível saber a posição exata de uma partícula.

Em 1924, enquanto ainda estava na Alemanha, Einstein previu, com base em ideias inicialmente sugeridas por Bose (nascido na Índia), que, quando átomos se aproximam do Zero Absoluto (p. 94), as ondas se expandem e, finalmente, se sobrepõem. As partículas elementares das quais elas são compostas fundem-se num único estado quântico. Esse estado singular é hoje conhecido como "Condensado de Bose-Einstein".

Em 1995, os cientistas americanos conseguiram criar um condensado de Bose-Einstein em laboratório. Eles resfriaram átomos de rubídio até 180 bilionésimos de um grau acima do Zero Absoluto (ou seja, -273,15 °C). Durante 15 minutos de cada vez, eles não só transformaram a "garrafa" que continha os átomos de rubídio no lugar mais frio e mais parado do universo, como também criaram uma nova forma de matéria.

O Princípio de Exclusão de Pauli

1925
Áustria

Wolfgang Pauli (1900-1958)

Dois elétrons de um átomo não podem ter o mesmo número quântico.

Um número quântico descreve certas propriedades de uma partícula, como sua carga e *spin*.

Uma das principais aplicações do Princípio de Pauli está na estrutura das camadas de elétrons dos átomos: uma órbita ou nível de energia não pode conter mais que dois elétrons, um girando no sentido horário, outro no anti-horário.

Os elétrons estão agrupados em camadas que contêm órbitas. As camadas são numeradas ($n = 1,2,3$, etc.) de dentro para fora, a partir do núcleo. Esses números são conhecidos como "números quânticos principais". Um aumento em n indica um aumento de energia associada com a camada, e um aumento na distância entre a camada e o núcleo. O número de elétrons permitido em uma camada é $2n^2$. Cada camada contém subcamadas ou subníveis de energia. Uma camada pode ter apenas n subcamadas. Cada subcamada recebe um número e uma letra (s, p, d, f, g, e assim por diante). Por exemplo, a distribuição eletrônica do lítio é *$1s^2 2s^1$* (dois elétrons na subcamada *s* da primeira camada, e um elétron na subcamada *s* da segunda camada; o expoente indica o número de elétrons na camada).

O Princípio de Pauli forneceu uma base teórica para a Tabela Periódica Moderna (p. 108). Em 1945, Pauli foi agraciado com o Prêmio Nobel de Física por esse princípio.

Veja também o Postulado do Neutrino de Pauli (p. 156).

A Equação de Schrödinger
Erwin Schrödinger (1887-1961)

1926

Áustria

Essa equação matemática complexa descreve as mudanças no padrão de onda de uma partícula tal como um elétron em um átomo. A solução da equação dá a probabilidade de encontrar a partícula em um determinado lugar.

Essa equação fundamental da mecânica ondulatória fornece uma descrição matemática das propriedades ondulatórias das partículas.

Mesmo que você não conheça A Equação de Schrödinger, provavelmente já ouviu falar de seu gato. Não é um gato real, mas um experimento conceitual conhecido como "o gato de Schrödinger". Schrödinger era um gênio da ciência e da matemática. Desenvolveu esse experimento em 1935, para ilustrar a probabilidade de encontrar, por exemplo, um elétron, em um lugar específico. Ele imaginou uma caixa fechada contendo uma amostra de material radioativo, um recipiente com cianeto e um gato vivo. A ejeção de uma partícula a partir do material radioativo fornece um evento quântico que provocaria a liberação de cianeto. Após algum tempo, se o evento quântico houver ocorrido, o gato teria morrido; do contrário, ainda estaria vivo. Schrödinger argumentou que o gato não estaria nem morto nem vivo, até que alguém abrisse a caixa para observá-lo. Mas o gato estaria vivo ou morto antes que a caixa fosse aberta? Esse paradoxo ainda não foi totalmente resolvido.

Schrödinger foi agraciado com o Prêmio Nobel de Física em 1933 por seus trabalhos sobre mecânica ondulatória.

O Princípio da Incerteza de Heisenberg

1927
Alemanha

Werner Heisenberg (1901-1976)

É impossível determinar com precisão tanto a posição quanto o momento de uma partícula (como um elétron) simultaneamente.

O princípio exclui a existência de uma partícula que seja estacionária. O Princípio da Incerteza é uma das bases da Teoria Quântica (p. 130).

Para medir tanto a posição quanto o momento (momento = massa x velocidade) de uma partícula simultaneamente, são necessárias duas medidas: a realização da primeira medição irá "perturbar" a partícula e, portanto, gerar uma incerteza na segunda medição. Assim, quanto maior a precisão com que a posição é conhecida, menor a precisão para determinar o momento. A perturbação é tão pequena que pode ser ignorada no mundo macroscópico (em grande escala), mas é muito forte para as partículas no mundo microscópico. O Princípio da Incerteza também se aplica a energia e tempo. A energia cinética de uma partícula tampouco pode ser medida com total precisão. Heisenberg foi agraciado com o Prêmio Nobel de Física de 1932 por sua descoberta.

Durante a Segunda Guerra Mundial, Heisenberg relutantemente trabalhou no projeto nuclear alemão. Em 1944, a OSS americana (predecessora da CIA durante a guerra) enviou um agente para assistir a uma palestra proferida por Heisenberg, em Zurique, na Suíça neutra, com a instrução expressa de atirar em Heisenberg imediatamente se a palestra desse qualquer indício de que o projeto alemão estava fazendo progressos. Para a sorte da ciência, Heisenberg não mencionou o projeto durante sua palestra.

A Teoria da Antimatéria de Dirac
Paul Dirac (1902-1984)

1928
Inglaterra

Cada partícula fundamental tem uma antipartícula: uma versão espelhada com a mesma massa, mas carga oposta.

A ideia de antipartículas hoje também é aplicada aos átomos-antiátomos, que compõem a antimatéria.

Se você é um fã de *Star Trek* provavelmente sabe que a nave espacial Enterprise é movida por antimatéria. Antimatéria não é uma coisa de ficção científica – ela existe de fato. Em 1898, o físico britânico Arthur Schuster (1851-1934) sugeriu a ideia fascinante que poderia existir um tipo exótico de matéria com propriedades que espelham as da matéria comum: "Se há eletricidade negativa, por que não ouro negativo, tão amarelo quanto o nosso?". Ele acrescentou que essa especulação era apenas "um sonho". Em 1928, Dirac, um físico teórico muito capaz, forneceu a base matemática para o sonho de Schuster. Dirac previu que o elétron, que possui carga negativa, deveria ter uma contrapartida com carga positiva: "Seria um novo tipo de partícula, desconhecida para a física experimental, possuindo a mesma massa e carga oposta à do elétron. Podemos chamar essas partículas de antielétron". Os cálculos matemáticos de Dirac também se aplicam a outras partículas fundamentais.

A descoberta de antielétrons (agora conhecidos como "pósitrons", abreviação de elétrons positivamente carregados) na radiação cósmica, feita em 1932 pelo físico americano Carl Anderson (1905-1991), justificou a ousada previsão de Dirac. Vinte e três anos mais tarde, cientistas da Universidade da Califórnia em Berkeley criaram o antipróton em um acelerador de partículas. Quando a matéria comum e a antimatéria se encontram, elas se aniquilam mutuamente e desaparecem em uma explosão violenta em que a massa é convertida em energia, como ditado pela equação de Einstein, $E = mc^2$ (p. 134). A energia liberada na aniquilação de matéria e antimatéria é impressionante: em uma colisão de prótons e antiprótons, a energia por partícula é cerca de 200 vezes maior à de uma bomba de hidrogênio.

Se a matéria e a antimatéria se aniquilam, não é provável que haja antimatéria na Terra ou mesmo no Sistema Solar. O vento solar – a "chuva" de partículas carregadas emitidas pelo Sol em todas as direções – iria aniquilar a antimatéria. No entanto, os cientistas especulam que a antimatéria pode existir em outras partes do universo, mas até agora não encontraram nenhuma evidência. Isso não os impediu de criar antimatéria em laboratório. Uma equipe de cientistas do CERN, o laboratório de Física Nuclear europeu em Genebra, fez isso em 1995. Durante quase 15 horas, dispararam um jato de átomos de xenônio em um feixe de antiprótons. As colisões entre núcleos de antiprótons e de xenônio produziram elétrons e pósitrons. Esses pósitrons combinaram-se, em seguida, com outros antiprótons do feixe para gerar anti-hidrogênio, o mais simples dos antiátomos.

Se você achar tudo isso uma extrapolação um pouco exagerada, então que tal a ideia de um antiuniverso – um universo paralelo ao nosso? Entre nele e você encontrará sua contrapartida de antimatéria: o antivocê. Não apertem as mãos, contudo: vocês iriam aniquilar um ao outro.

O Número de Mach
Ernst Mach (1838-1916)

1929

Áustria

A razão entre a velocidade de um objeto no ar e a velocidade do som no ar é chamada de "o Número de Mach".

Se o Número de Mach é um, a velocidade é dita sônica. Abaixo de Mach 1, é subsônica; acima de Mach 1, é supersônica.

Em 1929, o engenheiro suíço Jakob Ackeret (1898-1981) nomeou essa relação em homenagem ao famoso físico austríaco Mach, mais conhecido por seu trabalho em Dinâmica dos Fluidos. Contudo, seu trabalho sobre a Filosofia da Ciência teve forte influência sobre Einstein.

A velocidade do som no ar a 20 °C e pressão atmosférica equivale a 1.235 km/h. Quanto mais denso o meio através do qual o som viaja, mais rápido ele viaja. Portanto, a velocidade do som varia em diferentes altitudes, já que o ar é menos denso em altitudes mais elevadas. Quando um avião ultrapassa a velocidade do som, ele produz uma onda de choque e quebra a assim chamada "barreira do som". A Mach 2, o avião estará voando a cerca de 2.470 km/h, ou seja, o dobro da velocidade do som.

O capitão Chuck Yeager, lendário piloto de testes, foi a primeira pessoa a quebrar a barreira do som, em 14 de outubro de 1947. Ele voava no foguete Bell X-I como parte de uma pesquisa do governo norte-americano. Este e outros voos do programa estão vividamente apresentados no famoso livro de Tom Wolfe, *Os eleitos* (1979), assim como no filme homônimo de 1983.

1929

Alemanha

Os Experimentos de Berger sobre Ondas Cerebrais
Hans Berger (1873-1941)

O cérebro gera impulsos elétricos, ou ondas, que podem ser registrados fisicamente.

Até a época de Berger, o funcionamento interno do cérebro era um completo mistério. Seus experimentos sobre as ondas cerebrais abriram todo o campo da pesquisa moderna sobre o cérebro.

Na década de 1890, quando Berger começou a trabalhar como neuropsicólogo, só havia uma maneira de investigar o cérebro: dissecando-o. Berger, porém, pensava de modo diferente: se o coração produz sinais elétricos (que podem ser registrados como um eletrocardiograma), então o cérebro também deve produzir sinais elétricos. Berger tinha formulado uma teoria, mas sua tradução em forma experimental lhe escapou durante quase trinta anos.

Sua persistência foi recompensada quando, em 6 de julho de 1924, ele gravou os sinais elétricos de um paciente, anexando dois eletrodos a seu couro cabeludo. Ele chamou a gravação de eletroencefalograma (EEG). Poucos anos mais tarde, cientistas de muitos países repetiriam os experimentos de Berger com equipamentos mais sofisticados e gravaram diferentes tipos de ondas, hoje conhecidas como ondas delta, teta, alfa e beta. Apesar de seu renome internacional, Berger foi completamente ignorado na Alemanha. "O pai do EEG" morreu solitário e afastado de todos. Seu EEG continua sendo uma importante ferramenta de diagnóstico médico.

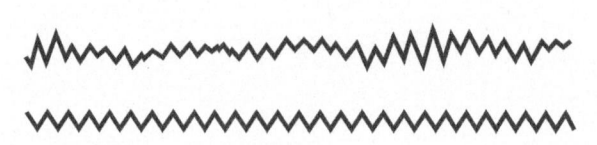

O primeiro EEG de Berger, mostrando duas ondas cerebrais

A Lei de Hubble
Edwin Hubble (1889-1953)

1929

Estados Unidos

As galáxias estão se afastando umas das outras a um ritmo cada vez maior. Quanto mais distante a galáxia, mais rápido ela se afasta de nós.

Isso significa que o universo está se expandindo como um balão.

A Lei de Hubble mostra que a razão entre a velocidade das galáxias e suas distâncias é uma constante. Essa constante é conhecida como a **Constante de Hubble**, que é a taxa atual de expansão do universo: 20 km/s a cada milhão de anos-luz.

Em 1920, Hubble começou a trabalhar no Observatório de Monte Wilson, na Califórnia, onde permaneceu pelo resto de sua vida. Em Monte Wilson, usou o telescópio de 100 polegadas, a maior de sua época. Com esse telescópio, descobriu galáxias para além de nossa própria galáxia e classificou-as em três grupos: elíptica, espiral e irregular. Agora sabemos muito mais a respeito das galáxias: há 125 bilhões (e ainda estão sendo contadas) de galáxias no universo observável, hoje, e cada uma contém bilhões de estrelas. Seus diâmetros variam entre vários milhares e 100 mil anos luz. Mas só podemos examinar galáxias que estão dentro de um determinado raio, conhecido como o **Raio de Hubble**, pois galáxias que estivessem além desse raio estariam viajando à velocidade da luz. O Raio de Hubble é estimado como sendo equivalente a cerca de 12 mil anos-luz.

Veja também a Teoria do Big Bang (p. 173) e o Paradoxo de Olbers (p. 72).

1931

Áustria

O Postulado dos Neutrinos de Pauli
Wolfgang Pauli (1900-1958)

O decaimento beta de um núcleo atômico no qual um nêutron se transforma em um próton e emite um elétron não parece seguir a lei de conservação da energia (p. 90). Para levar em conta a "energia que falta", Pauli postulou que uma partícula de carga zero e massa zero é liberada em reações desse tipo.

Alguns anos mais tarde, Enrico Fermi (p. 203) nomeou a nova partícula de "neutrino" – em italiano, literalmente, "pequeno neutro".

Neutrinos não são mais partículas hipotéticas. Sua existência foi confirmada em 1956. Acredita-se agora que elas também tenham uma massa muito pequena. Os neutrinos são as partículas elementares mais difundidas no universo. Há cerca de 50 bilhões de neutrinos para cada elétron, e estão em toda parte. No entanto, não podem ser vistos e raramente interagem com a matéria. Dezenas de milhares de neutrinos atravessam nosso corpo a cada segundo. Existem três tipos conhecidos de neutrinos – múon, tau e elétron –, e são todos criados no centro do Sol, em supernovas e nos raios cósmicos que atingem a atmosfera superior.

A Teoria de Pauling das Ligações Químicas
Linus Pauling (1901-1994)

1931
Estados Unidos

Um esquema para a compreensão da estrutura eletrônica e geométrica de moléculas e cristais. Um aspecto importante desse sistema é o conceito de hibridação: a fim de criar laços mais fortes, os átomos mudam a forma de seus orbitais (o espaço em torno de um núcleo no qual é mais provável encontrar um elétron) para um formato de pétalas, que permitem uma sobreposição de orbitais mais eficaz.

Uma ligação química é uma força de atração muito forte que liga átomos em um cristal ou molécula. Pauling foi o primeiro a usar a mecânica quântica para explicar as ligações químicas. Sua teoria é um marco no desenvolvimento da química moderna.

Pauling recebeu o Prêmio Nobel de Química de 1954 por seu trabalho em ligações químicas. Após a Segunda Guerra Mundial, Pauling trabalhou ferrenhamente para despertar a consciência da sociedade quanto a suas novas responsabilidades na era nuclear. Em 1962, recebeu o Prêmio Nobel da Paz.

Ele é a única pessoa a ter recebido dois prêmios Nobel não compartilhados. Pauling também foi defensor de outra causa: a ideia de que grandes doses de vitamina C são eficazes na prevenção do resfriado comum e da gripe. Essa teoria, entretanto, não obteve qualquer apoio científico significativo.

Pauling disse certa vez: "A melhor maneira de ter uma boa ideia é ter muitas ideias". A maioria dos estudantes de Química estão familiarizados com outra de boas ideias de Pauling: a **Escala de Eletronegatividade**, que classifica os elementos em ordem de eletronegatividade (0,7 para césio e frâncio e 4,0 para o flúor).

1931

Inglaterra

O Conceito de Dirac do Monopolo Magnético
Paul Dirac (1902-1984)

O monopolo magnético é uma partícula hipotética que carrega uma carga magnética básica – na verdade, somente um polo magnético norte ou sul atuando como uma partícula livre.

Um monopolo magnético é análogo à carga elétrica.

Desde que Dirac ("Deus não existe, e Dirac é seu profeta", costumava dizer Wolfgang Pauli, p. 148, sobre o grande físico) previu sua existência, o monopolo magnético tem intrigado os físicos. Um ímã quebrado em dois não forma dois ímãs monopolos, um só com o polo norte e outro só com um único polo sul; ele se quebra em dois ímãs dipolares semelhantes. Mesmo que esse processo de quebra de um magneto em dois seja levado até a menor partícula, terminará com uma partícula com dois polos, norte e sul.

Depois de formular sua Teoria da Antimatéria (p. 151), Dirac tentou vincular os fenômenos elétricos e magnéticos, predizendo a existência do monopolo. Ele chegou a dizer que, mesmo que apenas um monopolo exista em algum lugar do universo, ele explicaria por que a carga elétrica ocorre apenas em múltiplos da carga do elétron. Ninguém conseguiu observar um monopolo ainda. "Se você quiser conseguir um Prêmio Nobel da forma mais difícil, você sabe o que procurar", foi o conselho que o falecido Brian L. Silver deu a cientistas principiantes em seu livro *A escalada da ciência* (1998).

O Teorema da Incompletude de Gödel
Kurt Gödel (1906-1978)

1931
Áustria

Toda teoria consistente deve conter propostas que não possam ser nem provadas nem refutadas de acordo com o conjunto de regras que definam a própria teoria.

O teorema provou a "incompletude da matemática". Sua implicação é que todos os sistemas lógicos de qualquer complexidade são incompletos.

Gödel publicou seu teorema – um dos feitos mais extraordinários na Matemática no século 20 – em 1931, um ano depois de receber seu diploma de doutorado da Universidade de Viena. Quando os nazistas ocuparam a Áustria, em 1938, ele emigrou para os Estados Unidos. Ocupou uma cadeira no Instituto de Estudos Avançados em Princeton, de 1953 até sua morte. Einstein, que também estava em Princeton nessa época, foi o amigo mais próximo de Gödel.

Nos anos finais de sua vida, o comportamento de Gödel ficou cada vez mais excêntrico. Ele retirou-se completamente do contato humano e recebia comunicações através de uma fenda na porta de seu escritório. Tornou-se notório por usar máscaras de esqui com buracos no olhos onde quer que fosse. Próximo ao fim de sua vida, pensava que estava sendo envenenado e parou de comer por completo. Morreu sentado em uma cadeira em um quarto de hospital em Princeton.

Ele disse uma vez: "Ou a Matemática é muito grande para a mente humana ou a mente humana é mais que uma máquina". Algumas pessoas têm ampliado o Teorema de Gödel para afirmar que será impossível criar uma máquina tão inteligente quanto um ser humano.

O Limite de Chandrasekhar

1931
Estados Unidos

Subrahmanyan Chandrasekhar (1910-1995)

A maior massa possível para uma estrela anã branca é de 1,44 vezes a massa do Sol.

O Limite de Chandrasekhar é uma constante física. Uma estrela de massa superior vai se tornar uma estrela de nêutrons ou um buraco negro, devido à força da gravidade.

O Sol tem 4,6 bilhões anos como uma estrela estável e ainda tem muitos bilhões de anos pela frente. Uma vez que seu combustível nuclear esteja completamente esgotado, ele vai encolher e tornar-se uma "anã branca", não maior que a Terra, mas tão pesado que uma colher de chá de sua matéria pesaria milhares de quilos. A anã branca é tão quente que brilha na cor branca. Nenhuma anã branca foi encontrada com uma massa superior a 1,44 vezes a do Sol. Esse limite de massa solar foi previsto por Chandrasekhar, um astrofísico de origem indiana que recebeu o Prêmio Nobel de Física em 1983 por seu trabalho sobre a estrutura e a evolução das estrelas.

Uma estrela maciça não evolui para uma anã branca: ela explode como uma supernova, que expele uma quantidade enorme de matéria e chega a brilhar mais que toda sua galáxia durante alguns dias. A matéria restante forma uma estrela de nêutrons, com poucos quilômetros de diâmetro, que contém nêutrons compactados. Essas estrelas de nêutrons não brilham e são tão pesadas que mesmo uma cabeça de alfinete de sua matéria teria uma massa de um milhão de toneladas.

Às vezes, o peso esmagador de uma estrela moribunda, como uma estrela de nêutrons, comprime-a até um ponto com densidade infinita. Nesse ponto, conhecido como "singularidade", a massa não tem volume, e tanto o espaço quanto o tempo param. A singularidade está rodeada por uma superfície imaginária conhecida como "horizonte de eventos", uma espécie de fronteira esférica de uma via apenas. Nada, nem mesmo a luz, pode escapar do horizonte de eventos. A matéria que cai num deles é engolida, desaparecendo para sempre. É por isso que os cientistas chamam essas regiões do espaço-tempo de "buracos negros". Se um astronauta passar pelo horizonte de eventos de um buraco negro, as forças gravitacionais esticariam seu corpo na forma de um espaguete muito comprido, e, quando esse espaguete morto se chocar com a singularidade do buraco negro, os restos do astronauta seriam separados em átomos.

O raio de um buraco negro é o raio do horizonte de eventos em torno dele. O nome disso é **Raio de Schwarzschild**, em homenagem ao astrônomo alemão Karl Schwarzschild (1873-1916), que, em 1916, previu a existência dos buracos negros. Em quilômetros, o Raio de Schwarzschild é aproximadamente igual a três vezes a massa do buraco negro (em massas solares). Um buraco negro com a mesma massa que o Sol teria um raio de 3 km. Um que tivesse a massa da Terra teria um raio de apenas 5 mm; e um que tivesse a massa de um pequeno asteroide teria aproximadamente o tamanho de um núcleo atômico. Os efeitos estranhos de um buraco negro ocorrem a dez Raios de Schwarzschild de seu centro. Além dessa distância bastante limitada, o único efeito se dá através da atração normal da gravidade. Portanto, ao contrário da crença popular, o buraco negro não é uma espécie de aspirador cósmico que suga tudo que está em torno dele.

Veja também a Teoria de Hawking sobre os Buracos Negros (p. 190).

O Conceito de Oliphant dos Isótopos do Hidrogênio

1934 — Inglaterra

Marcus Oliphant (1901-2000)

O hidrogênio tem três isótopos: hidrogênio-1 (hidrogênio comum: um próton), hidrogênio-2 (deutério: um próton e um nêutron) e hidrogênio-3 (trítio: um próton e dois nêutrons).

Oliphant foi o primeiro a criar trítio. Essa descoberta foi fundamental para o desenvolvimento nuclear.

Em 1930, Oliphant, um físico nuclear nascido na Austrália, trabalhou para dividir o átomo no Laboratório Cavendish em Cambridge, com Ernest Rutherford (p. 138). Naquela época já haviam descoberto uma forma pesada de hidrogênio chamada "deutério". Oliphant bombardeou os núcleos "deutério" com outros núcleos de deutério e produziu um novo isótopo, o trítio. Em 1943, mudou-se para os EUA, onde aperfeiçoou a técnica de purificação do urânio-235, hoje utilizado em reatores nucleares.

Em 1950, Oliphant retornou à Austrália, onde serviu como governador da Austrália do Sul entre 1971 e 1976. Ele morreu com 98 anos de idade. Entre os numerosos obituários publicados em todo o mundo, o que foi publicado pela revista *Current Science* (10 de outubro de 2000) começava com uma piada: "Fred Allen, o popular comediante de rádio, uma vez perguntou a um ator que estava representando um físico por que alguém iria gastar seu tempo tentando esmagar átomos. A resposta, com um forte sotaque alemão, foi: 'Bem, um dia alguém pode querer meio átomo para colocar uma casa abaixo'".

Oliphant, um homem com uma personalidade informal, vivaz e com uma risada tonitruante, teria adorado a piada.

A Escala Richter
Charles Richter (1900-1985)

1935

Estados Unidos

Uma escala de 0 a 9 para medir a magnitude dos terremotos.

Terremotos de magnitudes 3,5 ou inferiores geralmente não são sentidos. Terremotos de magnitudes entre 5,5 e 6,0 causam danos ligeiros nos edifícios. Terremotos severos têm magnitudes superiores a 7,0.

Richter, um sismólogo norte-americano, desenvolveu sua escala porque, trabalhando no sul da Califórnia, onde há muitos terremotos, ele estava cansado de jornalistas que lhe perguntavam qual o tamanho relativo dos terremotos.

Um terremoto gera uma série de ondas de choque, conhecidas como "ondas sísmicas". A Escala Richter é uma escala numérica que estabelece a magnitude de um terremoto pelo cálculo da energia das ondas de choque a uma distância padrão. Ela é uma escala logarítmica de base dez, de forma que cada ponto adicional representa um aumento de dez vezes na severidade do terremoto. Assim, um terremoto de magnitude 7,0 é dez vezes mais potente que um de magnitude 6,0, e cem vezes mais potente que um de magnitude 5,0. Em termos de energia, as unidades de magnitude aumentam ainda mais rápido: uma unidade representa um aumento de aproximadamente 33 vezes na energia. Um terremoto de magnitude 7,0, por exemplo, libera cerca de mil vezes a energia liberada por um terremoto de magnitude 5,0.

A Teoria de Oparin sobre a Origem da Vida

1936
Rússia

Aleksandr Oparin (1894-1980)

> Na atmosfera primordial da Terra, compostos simples se combinaram para formar compostos orgânicos complexos, que formou a primeira célula viva.

Avanços recentes na biologia molecular fizeram com que essa teoria fosse reavaliada.

Oparin sugeriu que, no princípio da história da Terra, a atmosfera era rica em hidrogênio. Compostos simples, tais como água, metano e amônia, poderiam formar compostos orgânicos. Gradualmente, esses compostos orgânicos desceram da atmosfera e se depositaram no chão, onde a chuva – que ocorreu quando a Terra esfriou, e o vapor de água condensou-se – transformou-os em poças e, finalmente, nos oceanos. Durante milhões de anos, as moléculas orgânicas dessa "sopa primordial" juntaram-se em longas cadeias de proteínas e moléculas de DNA até que surgisse uma célula que possuía o tipo certo de reações e de compostos para ser considerada um organismo. Essa primeira célula podia se replicar e, portanto, estava apta a tornar-se o primeiro organismo vivo.

Em 1953, Stanley Miller, um estudante da Universidade de Chicago, forneceu o primeiro suporte experimental para a Teoria de Oparin. Ele submeteu uma mistura de metano, amônia, vapor d'água e hidrogênio a uma série de descargas elétricas. Imaginou que essa seria uma boa aproximação das condições na Terra primitiva, quando a "sopa primordial" foi submetida a raios. Depois de uma semana, as moléculas inorgânicas tinham se juntado para formar aminoácidos, os blocos de construção da vida.

A Máquina de Turing
Alan Turing (1912-1954)

1937

Inglaterra

Um computador teórico com dois ou mais estados possíveis, que podem reagir a uma entrada para produzir uma saída.

A Máquina de Turing foi um marco importante no desenvolvimento dos computadores digitais.

Uma Máquina de Turing contém uma fita de comprimento infinito dividida em células, cada uma marcada com um 0 ou 1. Uma cabeça de leitura e escrita pode ler ou escrever numa célula em sua localização atual, e também pode mover-se passo a passo em qualquer direção ao longo da fita. Turing propôs essa máquina imaginária para dar uma definição matematicamente precisa de "algoritmo". A máquina obedecia a instruções definidas em um algoritmo.

Durante a Segunda Guerra Mundial, Turing construiu um dispositivo de computação que foi usado para decifrar o código secreto de comunicação – chamado "Enigma" – usado pelos alemães. Em 1950, ele sugeriu que deveria ser possível programar os computadores para adquirir inteligência humana e criou um teste para verificar a inteligência de um computador. Turing sugeriu que, se a resposta do computador fosse indistinguível da resposta de um ser humano, o computador poderia ser considerado inteligente. O **Teste de Turing** é utilizado, hoje, para determinar se um computador realmente pode imitar a inteligência humana. Um computador e uma pessoa são interrogado por meio de mensagens de texto. Se o interrogador não conseguir distinguir qual resposta veio da pessoa e qual veio do computador, o computador pode ser dito "inteligente".

A Teoria dos Jogos

1921, 1944 e 1949
Estados Unidos

John von Neumann (1903-1957)
Oskar Morgenstern (1902-1977)
John Nash (1928-)

Um método matemático para analisar comportamentos estratégicos – como as pessoas se comportam quando colocadas em situações competitivas.

A teoria tem aplicações em economia, ciência da computação, psicologia, sociologia, política, guerra, evolução, mercado de ações e muitos outros campos.

De acordo com a teoria dos jogos, todos os jogos têm três coisas em comum: regras, estratégias e recompensas. Os jogos incluem jogos de soma zero (um jogador só lucra em detrimento de outros), jogos de soma diferente de zero, jogos cooperativos (as pessoas podem barganhar) e jogos de informação completa. O equilíbrio de um jogo é chamado de **Equilíbrio de Nash**, uma solução que maximiza o benefício de todos.

A Teoria dos Jogos nasceu quando von Neumann percebeu que o pôquer, que ele ocasionalmente jogava, não era guiado apenas pela Teoria da Probabilidade (p. 33), e que o blefe, uma estratégia para esconder informações de outros jogadores, também era crucial. A teoria foi ampliada por Neumann e Morgenstern, em 1944, e Nash, em 1949. Nash escreveu seu artigo seminal, "Jogos não cooperativos", ao estudar para seu doutorado na Universidade de Princeton. Alguns anos mais tarde foi diagnosticado com esquizofrenia paranoide. No início de 1990, superou sua doença e recomeçou seu trabalho. Foi premiado com o Nobel de 1994 de Economia. O livro de Sylvia Nasser, *Uma mente brilhante* (1998), e o filme homônimo (2001) apresentam a história de vida dramática de Nash. (Von Neumann morreu antes que o Nobel de Economia fosse criado.)

A Fissão Nuclear

Lise Meitner (Áustria, 1878-1968)
Otto Hahn (Alemanha, 1879-1968)
Fritz Strassmann (Alemanha, 1902-1980)

1938

Alemanha

Há quebra do núcleo de um átomo pesado em dois ou mais átomos leves. Ocorre liberação de energia durante a Fissão Nuclear.

A Fissão Nuclear ocorre nas reações atômicas, como em um reator nuclear.

Em 1938, Hahn, trabalhando com Strassmann, fez uma descoberta surpreendente: os núcleos de urânio bombardeado com nêutrons em movimento lento geravam bário. Contudo, ele foi incapaz de explicar o que acontecia. "Talvez você consiga chegar a alguma explicação fantástica", Hahn escreveu para Meitner, sua colaboradora de longa data. (Juntos, em 1917, tinham descoberto um novo elemento, o protactínio, mas agora Meitner estava no exílio, na Suécia.) Alguns dias mais tarde, Meitner mostrou que o núcleo de urânio, após a absorção de um nêutron, se dividira em duas partes mais ou menos iguais, bário e criptônio. Ela também calculou que o processo iria liberar muita energia. Seu sobrinho, Otto Frisch (1904-1979), também um físico notório, chamou o efeito de "fissão nuclear" por causa de sua semelhança com a "fissão" biológica (a divisão celular).

Hahn publicou as provas químicas para a Fissão Nuclear, sem listar Meitner como coautora. Em 1944, ele foi agraciado com o Prêmio Nobel de Química por sua descoberta. Ela não recebeu uma participação no Prêmio Nobel. No entanto, ela ganhou o Prêmio Enrico Fermi, em 1966, por seu trabalho com Física Nuclear. Em 1997, o elemento 109 foi chamado de meitnério (Mt), em sua homenagem.

A Teoria da Produção da Energia em Estrelas, de Bethe

1938
Estados Unidos

Hans Bethe (1906-)

A energia das estrelas é produzida por reações de fusão do hidrogênio.

Na fusão nuclear, os núcleos de átomos leves se combinam a temperaturas muito elevadas e liberam enormes quantidades de energia que é irradiada a partir da superfície da estrela na forma de calor e luz.

Talvez você não tenha, hoje, o mesmo fascínio que tinha na infância pelas estrelas no céu, mas as estrelas ainda cintilam nos olhos de muitos astrofísicos. Um deles formulou a primeira teoria detalhada para a formação de energia nas estrelas.

Uma estrela normal é uma das entidades mais simples da natureza: é uma esfera de gás cuja massa é composta por 73% de hidrogênio, 25% de hélio e 2% de outros elementos. A temperatura no centro de uma estrela é muito alta – alta o bastante para fundir quatro núcleos de hidrogênio e, assim, formar um núcleo de hélio. Esse processo, que gera uma enorme quantidade de energia, é por vezes conhecido como ciclo carbono-nitrogênio-oxigênio (CNO). Esses elementos agem como catalisadores e não são consumidos na reação.

A Teoria de Bethe levou outros cientistas a proporem diversas aplicações para fusão nuclear, que é muito mais poderosa do que a fissão nuclear (p. 167). Bethe, que nasceu na Alemanha e emigrou para os EUA em 1937, recebeu o Prêmio Nobel de Física de 1967 por sua teoria.

Veja também o Limite de Chandrasekhar (p. 160).

Os Elementos Transurânicos
Edwin McMillan (1907-1991)
Glenn Seaborg (1912-1999)

1940

Estados Unidos

Elementos mais pesados que o urânio na tabela periódica (elementos transurânicos) são produzidos artificialmente. O urânio (U, número atômico 92) é o elemento mais pesado que sabemos existir naturalmente em quantidades detectáveis na Terra.

Mais de 20 elementos transurânicos foram criados desde 1940.

Enrico Fermi (p. 203) preparou o terreno para a criação de novos elementos quando, em 1933, mostrou que o núcleo da maioria dos elementos poderia absorver um nêutron, transformando o elemento em um novo átomo. Ocorreu-lhe que deveria ser possível criar novos átomos bombardeando núcleos de urânio com nêutrons livres. Ele tentou o experimento em 1934, mas falhou. Em 1940, McMillan, um físico nuclear, produziu e identificou o primeiro elemento artificial, o neptúnio (Np, 93). Em 1940, Seaborg, um químico, conseguiu criar o elemento 94, que foi nomeado plutônio (Pu). McMillan e Seaborg receberam o Prêmio Nobel de Química de 1951 por seu trabalho.

Nove elementos transurânicos receberam seus nomes em homenagem a cientistas: cúrio (Cm, 96: Marie e Pierre Curie, p. 128), einstêinio (Es, 99: Albert Einstein, p. 132), férmio (Fm, 100: Enrico Fermi, p. 203), mendelévio (Md, 101: Dmitri Mendeleiev, p. 108), nobélio (No, 102: o químico sueco Alfred Nobel, 1833-1896, conhecido por seu legado para a fundação dos Prêmios Nobel), rutherfórdio (Rf, 106: Ernest Rutherford, p. 138), seabórgio (Sg, 106: Glenn Seaborg), bóhrio (Bh, 107: Niels Bohr, p. 141) e meitnério (Mt, 109: Lise Meitner, p. 167).

N.T.: recentemente, outros elementos receberam nomes em homenagem a cientistas: laurêncio (103: Lawrence, inventor do cíclotron); roentgênio (111: Roentgen, descobridor dos raios X); copernício (112: Copérnico, astrônomo – esse nome foi o último aprovado, em novembro de 2009).

As Três Leis da Robótica de Asimov

1940
Estados Unidos

Isaac Asimov (1920-1992)

Primeira lei: um robô não pode ferir um ser humano ou, por inação, permitir que um ser humano se machuque.

Segunda lei: um robô deve obedecer às ordens dadas pelos seres humanos, exceto quando tais ordens entrarem em conflito com a primeira lei.

Terceira lei: um robô deve proteger sua própria existência, desde que tal proteção não entre em conflito com a primeira e segunda leis.

Do *Manual de robótica, 56ª edição, 2058 d.C.* (como está citado em "Brincadeira de pique", um conto de ficção científica de Asimov). As Leis de Isaac Asimov não são leis científicas. Elas são pura ficção, mas até hoje os pesquisadores em inteligência artificial gostariam que suas máquinas inteligentes seguissem essas leis.

A palavra *robot* foi introduzida no idioma inglês a partir de uma peça de teatro de 1921 chamada *RUR (Rossum's Universal Robots)*, do dramaturgo tcheco Karel Capek. Rossum, um inglês fictício, usa métodos biológicos para produzir robôs em massa a fim de servir os seres humanos. Asimov começou a escrever histórias de ficção científica sobre robôs aos vinte anos de idade. Os robôs ficcionais de Asimov eram máquinas projetadas por engenheiros, e eram construídos com três leis implantadas em seu "cérebro positrônico". Asimov era de origem russa e chegou a Nova Iorque quando tinha três anos. Foi um escritor prodigioso de ciência e de ficção científica. Em sua carreira literária de 52 anos, publicou quase 500 livros. Suas obras de ficção científica mais famosas são os livros da série Fundação, que narram as crônicas de um Império Galáctico.

A Datação por Carbono-14
Willard Libby (1908-1980)

1946

Estados Unidos

O isótopo radioativo do carbono, o carbono-14, está presente em todas as coisas vivas. Quando a vida para, o carbono-14 começa a decair. A partir da taxa de decaimento, é possível calcular a idade (ou data da morte) de um organismo.

A Datação por Carbono-14 pode ser usada para estimar a idade de qualquer material orgânico.

Cada isótopo radioativo decai (se transforma) a uma taxa conhecida como a sua meia-vida. Por exemplo, a meia-vida do carbono-14 é de 5.730 anos. Isso significa que uma amostra de mil átomos de carbono-14 iria conter apenas 500 átomos após 5.730 anos (os outros 500 teriam se transformado em nitrogênio-14, uma substância estável). Depois de mais 5.730 anos, outros 250 átomos decairiam para nitrogênio-14, e assim por diante. Os seres vivos vão absorvendo carbono-12 e carbono-14 até morrerem. Quando um organismo morre, o carbono-14 começa a decair. Como resultado, a proporção de carbono-12 e carbono-14 muda com o tempo. Ao medir esse índice, pode ser determinado quando o organismo morreu.

Os geólogos e antropólogos hoje usam a datação por carbono-14 para medir com precisão a idade de madeira muito antiga, ossos fósseis e outros artefatos. A técnica tem nos ajudado a compreender a história da Terra e do desenvolvimento da vida.

Libby, um químico que trabalhou no primeiro projeto nuclear, foi premiado em 1960 com o Nobel de Química por seu trabalho. Ele foi um incansável defensor dos usos pacíficos da tecnologia nuclear.

A Cibernética de Wiener

1948

Estados Unidos

Norbert Wiener (1894-1964)

A Cibernética é o estudo do controle e comunicação tanto em máquinas quanto em animais.

O termo "cibernética" é derivado da palavra grega para timoneiro, *kybernetés*. Ele agora se refere à teoria de sistemas de informática para controle envolvidos em automação, com ênfase na comparação de máquinas com o sistema nervoso dos seres humanos.

Wiener, um matemático brilhante, publicou suas ideias sobre a cibernética em seu livro *Cybernetics: Control and Communication in the Animal and the Machine* (1948). Nessa obra, ele explicou que "a cibernética tenta encontrar os elementos em comum no funcionamento das máquinas automáticas e no sistema nervoso humano". Ele acreditava que esse conhecimento iria melhorar a eficiência das máquinas. O livro também introduziu, pela primeira vez, termos como *input* (entrada), *output* (saída) e *feedback* (retroalimentação). *Feedback* – o controle de desempenho de um sistema usando a saída para modificar sua entrada sem intervenção humana – é um conceito importante na Cibernética. Por exemplo, um termostato em um aquecedor a gás funciona corretamente porque ele detecta a temperatura (uma medida da saída) do sistema e retroalimenta o sistema para alterar o fornecimento de gás (entrada).

No Instituto de Tecnologia de Massachusetts, onde trabalhou durante a maior parte de sua vida, Wiener era mais famoso por suas excentricidades e desapego às coisas mundanas do que por suas teorias. Certa vez ele perguntou a uma garotinha na rua se ela poderia ser capaz de dizer a ele onde ficava Brattle Street. A menina riu: "Sim, papai", disse ela, "vou te levar pra casa".

A Teoria do Big Bang
George Gamow (1904-1968)

1948

Estados Unidos

O universo começou quando um único ponto de matéria infinitamente densa e infinitamente quente explodiu espontaneamente. Os fragmentos dessa explosão começaram a voar para longe do ponto da explosão, ainda estão voando e vão continuar voando indefinidamente. Todas as galáxias, estrelas e planetas foram formados a partir desses fragmentos.

O Tempo começa no Big Bang, que aconteceu há cerca de 12 bilhões de anos.

Em 1927, o astrônomo belga Georges Lemaitre (1894-1966) sugeriu que, em algum momento do passado remoto, toda a matéria do universo estava concentrada em um ponto. O universo começou quando esse "átomo primordial" explodiu. Essa ideia foi desenvolvida por Gamow, que mostrou que o universo começou a partir de uma "bola de fogo" – sobra do calor dessa bola de fogo primordial ainda preenche o universo. Essa radiação remanescente deve ter, hoje, uma temperatura de 3 Kelvin, ou -270 °C. Essa radiação foi detectada em 1965 e, como previsto por Gamow, tem uma temperatura de -270 °C.

O universo irá se expandir para sempre? Há duas visões opostas: a expansão pode continuar para sempre, ou algum dia poderá colapsar de volta em um "átomo primordial". Isso é conhecido como "Big Crunch". O nome Big Bang foi dado por Fred Hoyle, que acreditava na teoria oposta de um estado constante (p. 174). Foi concebido para ser uma ridicularização quando usado pela primeira vez em um programa de rádio, em 1950.

1948
Inglaterra

A Teoria do Estado Estacionário
Hermann Bondi (Reino Unido, 1919-2005)
Thomas Gold (EUA 1920-2004)
Fred Hoyle (Reino Unido, 1915-2001)

> O universo não tem começo e não terá fim. Está constantemente produzindo matéria e se expandindo.

Essa teoria é hoje considerada errônea, e A Teoria do Big Bang é amplamente aceita.

A Teoria do Estado Estacionário inclui a ideia da criação espontânea da matéria. Por outro lado, a Teoria do Big Bang (p. 173) assume que toda a matéria que existe agora também existia no passado. Não há criação de nova matéria. A Teoria do Estado Estacionário concorda com a Teoria do Big Bang em um ponto: o universo está se expandindo.

A Teoria do Big Bang diz que o universo teve um início e um dia vai ter um fim. "O velho problema do início e fim do universo não se coloca na teoria do estado estacionário, pois o universo não teve um começo e não terá um fim", de acordo com Fred Hoyle. "Cada aglomerado de galáxias, cada estrela, cada átomo teve um começo, mas o próprio Universo, não."

Dados observacionais e experimentais favorecem a Teoria do Big Bang, que hoje é considerada a teoria-padrão da origem, estrutura e futuro do universo. Hoyle era um ferrenho defensor da Teoria do Estado Estacionário e nunca abandonou sua crença nele.

Veja também a Teoria de Hoyle sobre a Origem dos Elementos (p. 181).

A Lei de Murphy
Edward A. Murphy Jr. (1917-1990)

1949
Estados Unidos

Se alguma coisa pode dar errado, com certeza dará.

A Lei de Murphy é expressa em diversos axiomas humorísticos afirmando que tudo o que pode dar errado vai dar errado. De forma matemática, é expressa como 1 + 1 * 2, onde * significa "quase nunca".

Na base Edwards da força aérea norte-americana, na Califórnia, John Paul Stapp e George E. Nichols estavam trabalhando em um projeto aeroespacial projetado para testar quanta desaceleração súbita uma pessoa poderia suportar em um acidente. Murphy veio de outro laboratório trazendo um conjunto de medidores que deveriam medir a desaceleração com mais precisão. No entanto, os medidores não mediram desaceleração alguma porque os fios estavam conectados de forma errada. Muito irritado, Murphy xingou o técnico responsável e murmurou algo próximo de sua lei imortal.

Nascia, então, a Lei de Murphy. Cinquenta anos depois, em 1999, Stapp, Nichols e Murphy foram agraciados com o Prêmio IgNobel, uma paródia ao prêmio Nobel, que é concedido anualmente pela revista de humor científico *Annals of Improbable Investigation* (Anais das Investigações Improváveis) para honrar realizações que "não podem ou não devem ser reproduzidas".

A Lei de Murphy não é uma lei científica. O **Princípio de Peter** (assim chamado em homenagem a Laurence Peter, 1919-1990) também não é uma lei científica: os empregados dentro de uma organização irão progredir até seu mais alto nível de competência; em seguida, serão promovidos e permanecerão em um nível em que são incompetentes.

Veja também a Teoria da Torrada em Queda (p. 198).

A Nuvem de Cometas de Oort

1950

Holanda

Jan Oort (1900-1992)

O Sistema Solar encontra-se rodeado por uma nuvem de bilhões de cometas.

A hipótese de Oort é hoje amplamente aceita. A nuvem similar a um halo que se encontra muito além da órbita de Plutão é conhecida como a nuvem de Oort.

Existem cerca de 2 a 5 trilhões de cometas que circundam o Sistema Solar na nuvem de Oort, distantes entre 20 mil e 100 mil unidades astronômicas do Sol (uma unidade astronômica é a distância entre a Terra e o Sol, cerca de 150 milhões de quilômetros). Os cometas na nuvem de Oort não estão compactados como sardinhas – tipicamente, cometas vizinhos se encontram a distâncias de dezenas de milhões de quilômetros. A nuvem de Oort é às vezes chamada de Sibéria dos cometas por causa de suas temperaturas gélidas, próximas a -270 °C.

Ocasionalmente um cometa é defletido para as órbitas dos planetas interiores pela atração gravitacional de estrelas próximas.

Oort, um astrônomo notório, também determinou estrutura, tamanho, massa e movimento da Via Láctea.

Em 1951, o astrônomo americano Gerard P. Kuiper (1905-1973) sugeriu que há um outro reservatório de cometas, hoje conhecido como o **Cinturão de Kuiper**. O Cinturão de Kuiper estende-se entre 35 e algumas centenas de unidades astronômicas do Sol, para além da órbita de Netuno. É como um CD: o buraco abrange o sistema solar de Netuno para dentro.

Veja também a Teoria de Whipple sobre Cometas (p. 177).

A Teoria de Whipple sobre Cometas

Fred Lawrence Whipple (1906-2004)

1950

Estados Unidos

Um cometa típico tem três partes: uma parte central, congelada, chamada de "núcleo"; uma nuvem difusa em torno do núcleo, chamada de "coma" (ou cabeleira); e uma cauda constituída por gás e poeira. O núcleo, que em geral tem apenas alguns quilômetros de diâmetro, é uma "bola de neve suja" feita de grãos de massa congelada de água, metano, etano, dióxido de carbono, amônia e muitos outros gases.

Antes que Whipple apresentasse sua teoria, os astrônomos acreditavam que os cometas consistiam de uma ou mais grandes pedras ou mesmo aglomerados de pequenas partículas. O tamanho do núcleo também era superestimado em várias centenas de quilômetros.

Whipple não apenas cunhou a sugestiva frase "bola de neve suja", como também elaborou uma ideia igualmente sugestiva: um cometa é como um motor a jato. Como a erupção de gases aquecidos que irrompem de um motor a jato, os gases em evaporação do núcleo exercem uma força sobre ele. Essa força dá ao cometa sua impulsão independente. "Quando eu percebi a ação do jato nos cometas, nossa, aquilo foi uma grande emoção", disse Whipple à revista *Time*, em 1985, aos 79 anos.

Em 1986, a sonda Giotto da Agência Espacial Europeia provou que a Teoria de Whipple fora bastante precisa, quando tirou fotografias a curta distância (480 km) do núcleo do cometa Halley: o núcleo do cometa se assemelhava a uma bola de neve fofa revestida com uma crosta de material negro e jorrando jatos de gelo vaporizado.

Veja também a Nuvem de Cometas de Oort (p. 176).

1953

Inglaterra

A Estrutura em Hélice Dupla do DNA

Francis Crick (Reino Unido, 1916-2004)
James Watson (EUA, 1928-)

O DNA, uma molécula genética autorreplicante, tem a forma de uma hélice dupla.

A estrutura explicou como o DNA armazena informações e se autorreplica. A descoberta do "código da vida" do DNA revolucionou a biologia molecular e fez avançar nossa compreensão sobre a vida.

Os filamentos helicoidais do DNA (ácido desoxirribonucleico) consistem em cadeias de grupos alternantes de açúcar e fosfato. Quatro tipos de bases – adenina (A), citosina (C), guanina (G) e timina (T) – formam os degraus da hélice de DNA, que só podem ser ligados por pontes de hidrogênio em quatro combinações: A-T, C-G, T-A, G-C. O código da vida é formado por essas quatro bases, que o DNA leva de uma geração à próxima. A sequência de pares de bases ao longo do comprimento dos filamentos não é a mesma em DNAs de diferentes organismos. É essa diferença na sequência que torna um gene diferente de outro.

Crick e Watson dividiram o Prêmio Nobel de 1962 de Fisiologia ou Medicina com o cientista inglês Maurice Wilkins (1916-2004) por sua descoberta.

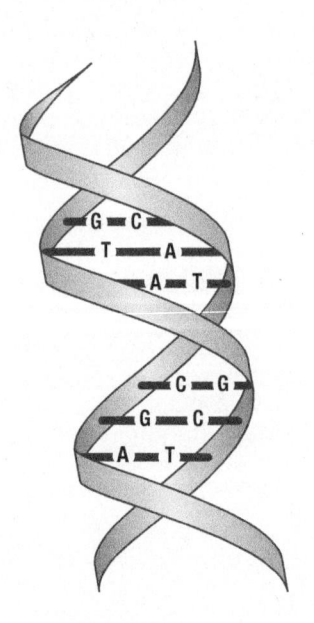

Uma seção de DNA

A Estrutura de Hodgkin de Moléculas Biológicas
Dorothy Crowfoot Hodgkin (1910-1994)

1956
Inglaterra

A estrutura de grandes moléculas orgânicas pode ser determinada por análise de raios X.

Hodgkin descobriu a estrutura da vitamina B12 e da insulina. Quando os químicos conhecem a estrutura de uma molécula, eles podem sintetizá-la.

A cristalografia por raios X (ver a Lei de Bragg, p. 140) é usada para estudar a estrutura de moléculas fazendo com que raios X passem através delas. As moléculas espalham os raios X formando um padrão complexo que pode ser analisado matematicamente. A cristalografia por raios X funciona bem para moléculas simples, porém a tarefa se torna extremamente complexa quando grandes moléculas orgânicas são estudadas. Hodgkin foi pioneira no uso de computadores em cristalografia por raios X e, em 1956, produziu uma imagem tridimensional da vitamina B12 (que tem cerca de cem átomos). Hodgkin recebeu o Prêmio Nobel de Química de 1964 por seu trabalho. Em 1969, ela determinou a estrutura da insulina, uma tarefa que consumiu 34 anos (decifrar a estrutura da B12 levou seis anos).

Dorothy nasceu na cidade do Cairo, onde seu pai estava trabalhando. Ela começou sua educação secundária aos 11 anos quando seus pais se mudaram para a Inglaterra. "Então, quando fui pela primeira vez para a escola secundária, eu estava muito atrasada", contou ela uma vez numa entrevista na rádio. "Eu estava *horrivelmente* atrasada em aritmética." Mas ela trabalhou duro e, no final do ano, foi a primeira da classe. Depois ela também se tornou a primeira a desvendar o complexo mundo das grandes moléculas biológicas.

O Conceito de Paridade de Lee e Yang

1956
Estados Unidos

Tsung-Dao Lee (1926-)
Chen Ning Yang (1922-)

A paridade não é conservada nas interações fracas entre partículas elementares.

Partículas elementares interagem por quatro tipos de forças: a gravidade (a atração entre toda matéria), o eletromagnetismo (a força entre partículas carregadas), a força forte (que mantém coeso um núcleo atômico) e a força fraca (um tipo de força nuclear).

A Teoria da Antimatéria (p. 151) leva à ideia de simetria, isto é, cada partícula tem um duplo espelhado. Uma antipartícula seria exatamente igual à partícula comum, exceto que a esquerda passaria a ser a direita. Os físicos chamam isso de "inversão da paridade" (paridade é apenas outra palavra para a direita/esquerda ou simetria espelhada).

A Lei da Conservação da Paridade diz que as leis da física são idênticas em sistemas de coordenadas de mão direita ou esquerda. Mas a simetria da natureza é imperfeita. Algumas das interações de partículas elementares sempre produzem uma partícula que sempre gira na mesma direção. Por exemplo, quando um átomo emite um neutrino, ele sempre gira na mesma direção, no sentido esquerdo. Como muitas partículas elementares exibem uma preferência pela esquerda e não pela direita, o universo parece ser canhoto. Por quê? Os físicos não sabem.

Em 1956, Lee e Yang sugeriram que as evidências para a simetria direita/esquerda eram fracas em interações que envolvem a força nuclear fraca. Essa previsão foi logo confirmada experimentalmente por outros físicos. A descoberta da assimetria fez com que Yang e Lee, nascidos na China, ganhassem o Prêmio Nobel de Física um ano depois.

A Teoria de Hoyle da Origem dos Elementos
Fred Hoyle (1915-2001)

1957
Inglaterra

A maioria dos elementos mais pesados que o hidrogênio no universo é criada, ou sintetizada, nas estrelas, quando núcleos leves se fundem para criar núcleos mais pesados. O processo é chamado de "nucleossíntese estelar".

A teoria explica como elementos químicos são fabricados dentro das estrelas.

Nosso Sol queima, ou funde, o hidrogênio em hélio. Esse processo ocorre durante a maior parte da vida de cada estrela. Depois que uma estrela esgota seu suprimento de hidrogênio, ela queima hélio para formar berílio, carbono e oxigênio. Quando a estrela esgota seu estoque de hélio, ela diminui de tamanho e sua temperatura aumenta para 1 bilhão de graus. O aumento da temperatura provoca uma série de novas reações em que carbono, oxigênio e outros elementos se combinam para formar ferro e níquel. Quando a estrela queima todo o ferro e o níquel, ela explode como uma supernova. Os elementos mais pesados que o níquel são formados durante as explosões de supernovas.

Essa teoria foi proposta por Hoyle (com a ajuda de W.A. Fowler e do casal de cientistas Geoffrey e Margaret Burbidge) em seu ensaio monumental, em 1957. Hoyle, eminente astrônomo, também propôs, com Thomas Gold e Hermann Bondi, A Teoria do Estado Estacionário para A Origem do Universo, em 1948 (p. 174). Também cunhou o termo "Teoria do Big Bang" (p. 173) para diferenciá-la, sarcasticamente, de sua Teoria do Estado Estacionário. Ele também era um escritor de ficção científica popular (*Nuvem negra*, 1957).

1958 O Ciclo de Calvin da Fotossíntese
Melvin Calvin (1911-1997)

Estados Unidos

O ciclo de reações químicas pelas quais as plantas transformam o dióxido de carbono e a água em açúcar durante a fotossíntese.

O ciclo forneceu maior compreensão sobre a natureza da fotossíntese. Esse conhecimento gerou interesse na fotossíntese artificial para aproveitar a energia solar (p. 53).

No Ciclo de Calvin, que ocorre na maioria das plantas, o produto inicial das reações de escuro (reações em que o carbono é convertido em açúcar) é um composto com três átomos de carbono por molécula. Assim, essas plantas são conhecidas como plantas C3.

Plantas de um pequeno grupo – incluindo milho, sorgo e cana-de-açúcar – são formadas por um ciclo diferente, conhecido como **Ciclo de Hatch-Slack**. Nesse ciclo, o produto inicial das reações de escuro é um composto com quatro átomos de carbono por molécula. Essas plantas, conhecidas como plantas C4, podem assimilar dióxido de carbono numa taxa cerca de duas vezes maior que a taxa das plantas C3 e, consequentemente, as plantas C4 crescem mais rápido.
O Ciclo de Hatch-Slack foi descoberto em 1966 por dois cientistas australianos, M.D. Hatch e C.R. Slack.

Calvin, um bioquímico, introduziu dióxido de carbono sintetizado com carbono-14 em plantas para estudar o ciclo da fotossíntese. Sua ideia de rotear a radiação do carbono-14 é hoje amplamente utilizada na Bioquímica. Calvin foi agraciado com o Prêmio Nobel de Química de 1961 por seu trabalho inovador.

A Estrutura Química dos Anticorpos
Gerald Edelman (1929-)
Rodney Porter (1917-1985)

1959

Estados Unidos
Inglaterra

As moléculas de anticorpos têm a forma da letra Y, com um caule e dois ramos abertos. Cada ramo é composto por uma cadeia leve e uma metade de uma cadeia pesada em uma disposição lado a lado. A haste é composta das metades remanescentes das cadeias pesadas.

Os ramos se ligam aos antígenos externos para destruí-los.

Anticorpos (também chamados de imunoglobulinas) são uma parte importante da resposta do sistema imunológico às infecções. Eles são moléculas de proteína especializadas produzidas pelos glóbulos brancos do sangue. Há cinco classes de anticorpos: IgA (imunoglobulina A), IgD, IgE, IgG e IgM. Existem provavelmente milhões de anticorpos diferentes no sangue, cada um deles reativo contra um antígeno específico (substâncias estranhas, tais como bactérias, vírus ou toxinas).

Em 1959, Edelman e Porter publicaram, separada e independentemente, seus estudos fundamentais sobre a estrutura molecular dos anticorpos. Reunidos, seus estudos se complementaram. Edelman e Porter foram agraciados com o Prêmio Nobel de 1972 para Fisiologia ou Medicina. Muitos aspectos novos e fascinantes sobre os problemas de biologia molecular e genética têm evoluído a partir de sua pesquisa, como foi dito em sua nomeação ao Prêmio Nobel. "Temos agora uma nova e mais profunda compreensão da questão do papel da imunidade como defesa contra e como causa de doenças. Nossas possibilidades de usar reações imunológicas para fins terapêuticos e de diagnóstico foram ampliadas."

A Teoria de Horsfall sobre o Câncer

1961
Estados Unidos

Frank Horsfall (1906-1971)

O câncer é causado por alterações no DNA das células.

A teoria forneceu uma base para as pesquisa sobre o câncer.

Câncer é qualquer uma dentre um grupo de mais de cem doenças diferentes e distintas em que algumas células do corpo crescem descontroladamente. É o resultado de uma dentre bilhões de células do corpo sendo danificada de tal forma que ela se replica de forma anormal, produzindo um enorme número de células também danificadas. Essas células, por sua vez, se replicam para formar o que é conhecido como câncer ou tumor. Como o comportamento de uma célula é controlado pelo seu DNA, o câncer é causado por danos ao DNA. Um DNA danificado ou que sofreu mutações pode ser herdado ou os danos podem ser causados por agentes cancerígenos. Uma substância cancerígena é qualquer agente que provoca o câncer: por exemplo, a radioatividade, altas doses de raios X e dos raios ultravioletas, além de alguns agentes químicos.

Horsfall, um médico brilhante e virologista, era o diretor do Instituto Sloan-Kettering para pesquisas em câncer, em Nova Iorque, quando fez sua descoberta de que o câncer era resultado das mudanças produzidas no maquinário genético (DNA) da célula. Ele disse que vírus e produtos químicos cancerígenos estão interligados. Esse conceito unificador da doença marcou uma mudança importante no estudo da doença e resultou em rápido avanço nos conhecimentos a esse respeito. O homem que deu tanto à investigação sobre o câncer morreu de câncer aos 65 anos de idade.

A Equação de Drake
Frank Drake (1930-)

1961
Estados Unidos

O número de civilizações tecnologicamente avançadas em nossa galáxia pode ser estimado por uma equação simples.

Você está por aí, ET?

Em sua forma mais simples, a equação funciona da seguinte maneira. Para descobrir o número (N) de civilizações tecnologicamente avançadas na Via Láctea, precisamos saber:

- quantas estrelas nascem a cada ano na nossa galáxia (R)
- quantas dessas estrelas têm planetas (p)
- quantos desses planetas são adequados para a vida (e)
- em quantos planetas a vida realmente aparece (l)
- em quantos planetas a vida evolui para uma forma inteligente (i)
- em quantos planetas a vida inteligente pode se comunicar com outros mundos (c)
- a duração média dessas civilizações avançadas (L)

Se multiplicarmos esses sete fatores, obtemos a equação
$N = R.p.e.l.i.c.L$

Se conhecermos os valores desses fatores, podemos calcular N. Mas os astrônomos não concordam com os valores exatos. Portanto, as estimativas de N variam de um (estamos sós) a muitos milhões (ET, pode ligar, estamos ouvindo). Essas estimativas se referem apenas a nossa galáxia e há 125 bilhões (ainda sendo contadas) de galáxias no universo observável atualmente.

1962

Estados Unidos

A Teoria de Carson da Poluição Ambiental

Rachel Carson (1907-1964)

"Pela primeira vez na história do mundo, todos os seres humanos estão sujeitos ao contato com produtos químicos perigosos, do momento de sua concepção até a morte."

Foi o que postulou Carson em seu livro *Primavera silenciosa*, que ajudou a elevar nossa consciência do meio ambiente.

Depois de concluir seu mestrado em zoologia, Carson começou a trabalhar como bióloga com o US Fish and Wildlife Services. Ela publicou seu primeiro livro, *Under the Sea-Wind*, em 1941; vendeu poucos exemplares. Mas o sucesso fenomenal de seu segundo livro, *O mar que nos cerca* (1951), ajudou-a a dedicar-se em tempo integral a sua escrita. Seu próximo livro, *Beira-mar* (1955), foi igualmente bem-sucedido.

Em 1957, um amigo escreveu para ela sobre como a pulverização aérea do inseticida DDT para controle de mosquitos havia matado pássaros em seu santuário. Carson passou os próximos quatro anos pesquisando os efeitos nocivos dos pesticidas sobre o meio ambiente. Em sua eloquente obra *Primavera silenciosa* (1962), ela apresentou sua teoria, apoiada por evidência científica, de que agrotóxicos muitas vezes causam danos a animais selvagens e também produzem efeitos a longo prazo sobre a saúde humana. O livro atraiu uma resposta hostil da indústria química, que a rotulava de "uma mulher histérica". Em 1963, um painel científico do governo norte-americano deu apoio à maioria dos argumentos de Carson. Carson morreu de câncer de mama em 1964, mas o movimento ambiental que *Primavera silenciosa* começou ganhou força a partir de então.

O Efeito Borboleta
Edward Lorenz (1917-2008)

1963

Estados Unidos

O comportamento de um sistema dinâmico depende de suas pequenas condições iniciais.

Num sistema caótico, como o clima global, a menor mudança pode trazer uma grande reviravolta. Em teoria, uma ação tão pequena como uma borboleta batendo suas asas, por exemplo, no Brasil, pode gerar um tornado, semanas mais tarde, a milhares de quilômetros de distância, no Texas.

Lorenz, um cientista atmosférico, foi um dos primeiros a desenvolver modelos computacionais da atmosfera e utilizá-los para previsão do tempo. Enquanto trabalhava no Massachusetts Institute of Technology, ele desenvolveu um modelo computacional simples para prever mudanças no tempo em vários lugares. Em uma de suas equações, ele usou um número arredondado, por exemplo 0,506127 tornou-se 0,506. Ficou surpreso ao ver que seu modelo agora previa condições muito diferentes. Isso sugere que mesmo uma pequena condição inicial imprevisível, como o voo de uma borboleta, poderia produzir uma grande mudança global no clima.

O Efeito Borboleta é apenas um aspecto da **Teoria do Caos**, uma área nova e empolgante da ciência que descreve sistemas desordenados. O comportamento de um sistema caótico é difícil de prever, porque há muitas variáveis ou fatores desconhecidos no sistema. A Teoria do Caos é aplicada em áreas tão diversas quanto o estudo dos mercados de ações, as epidemias de doenças e as populações de animais selvagens.

A Teoria Gell-Mann dos *Quarks*
Murray Gell-Mann (1929-)

1964
Estados Unidos

Nêutrons e prótons são feitos de partículas chamadas *quarks*. Assim como os elétrons, eles não podem ser subdivididos.

Até recentemente, os *quarks* eram considerados os blocos básicos de construção da matéria, mas alguns físicos acreditam agora que eles sejam compostos por partículas ainda menores.

Partículas elementares são as unidades fundamentais da matéria e da energia. O **Modelo-Padrão da Física de Partículas** – uma teoria poderosa que é central para a compreensão moderna da natureza do tempo, da matéria e do universo – divide todas as partículas elementares em três grupos: seis tipos de *leptons* (elétron, neutrino de elétron, múon, neutrino de múon, tau, e neutrino de tau) e seis tipos de *quarks* (*up*, *down*, *charm*, *strange*, *top* e *bottom*), e quatro tipos de bósons. A matéria ordinária é composta de prótons (cada um deles sendo trio de *quarks up-up-down*), nêutrons (cada um sendo um trio de *quarks up-down-down*), e elétrons. Isso tudo não é A Teoria de Gell-Mann, e sim uma teoria posterior.

Gell-Mann inventou a palavra "*quark*" a partir de uma frase do romance *Finnegan's Wake*, de James Joyce: "Três quarks para Muster Mark!" (Três litros de cerveja para Mister Mark por um trabalho bem feito). Gell-Mann previu a existência de três *quarks*: *up*, *down* e *strange*. Outros três foram previstos por outros cientistas. Os *quarks* não podem existir separadamente, mas podem ser criados em aceleradores de partículas. Todos os *quarks*, exceto o *top*, foram criados em 1977. O *quark top* só foi criado em 1995.

Veja também a Teoria de Tudo (p. 201).

A Lei de Moore
Gordon Moore (1929-)

1965

Estados Unidos

O número de transistores em um *chip* de computador dobra a cada 18 meses.

Quando o número de transistores em um *chip* dobra, seu desempenho também dobra. Os *chips* têm seguido essa tendência, de forma aproximada.

Em 1965, Moore, um dos fundadores da Intel, fabricante de *chips*, observou um crescimento exponencial no número de transistores por *chip* de silício e fez sua famosa previsão, que agora é geralmente citada como a Lei de Moore. Esse padrão de crescimento exponencial tem continuado até hoje e permitiu que os computadores se tornassem mais baratos e mais potentes ao mesmo tempo. Por exemplo, em 1971, o primeiro *chip* da Intel, conhecido como 4004, tinha 2.300 transistores. Em 1982, o número de transistores aumentou para 120.000 no 80286; em 1993, para 3,1 milhões no Pentium, e em 2000, para 42 milhões no Pentium 4.

Ao mesmo tempo, o tamanho dos *chips* tem diminuído. O *microchip* se tornou um *nanochip* – um *chip* com uma largura de um cabelo humano ou 100 nanômetros. Em 2020, esses *chips* deverão ser capazes de conter cerca de 10 bilhões de transistores. Por quanto tempo esse crescimento vai continuar? Alguns físicos preveem que a Lei de Moore não pode continuar inalterada por mais de 600 anos em qualquer civilização tecnológica. Quando Moore fez sua previsão, ele pensou que ela valeria cerca de dez anos.

A Teoria de Hawking sobre os Buracos Negros

1971
Estados Unidos

Stephen Hawking (1942-)

Durante os primeiros instantes do Big Bang que marcou o nascimento do universo, algumas áreas foram forçadas pela turbulência a contrair-se, em vez de expandir-se. Isso poderia ter esmagado a matéria em buracos negros que variaram em tamanho desde objetos minúsculos a 1 m (suas massas variavam de alguns grãos até a massa de um planeta grande). Essa enorme quantidade de miniburacos negros ainda pode existir, incluindo alguns dentro do Sistema Solar, ou mesmo em órbita ao redor da Terra.

Os miniburacos negros ainda não foram detectados; sequer existe evidência circunstancial para sua existência.

Em 1974, Hawking disse que "os buracos negros não são realmente negros: eles brilham como um corpo quente e, quanto menores são, mais brilho têm". Ele propôs um mecanismo pelo qual os buracos negros transformam sua massa tanto em radiação quanto em partículas que saem do buraco. O resultado é que os buracos negros gradualmente desaparecem. Portanto, eles não duram para sempre. A quantidade de radiação – agora conhecida como **Radiação de Hawking** – que escapa de um buraco negro é inversamente proporcional ao quadrado de sua massa, ou seja, quanto menor o buraco negro, menor sua duração de vida.

Hawking, um físico notório, é o autor do livro de ciência mais popular de nosso tempo, *Uma breve história do tempo: do Big Bang aos buracos negros* (1988).

Veja também o Limite de Chandrasekhar (p. 160).

A Hipótese de Gaia
James Lovelock (1919-)

1972

Inglaterra

A Terra funciona como um superorganismo.

A vida e o meio ambiente são duas partes de um único sistema. A vida promove e mantém condições adequadas para si mesma afetando o ambiente da Terra. Se o sistema estiver seriamente danificado, ele pode consertar-se.

Quando Lovelock veio com a ideia extraordinária da Terra como um organismo vivo, seu vizinho, o romancista William Golding (*O senhor das moscas*, 1954) sugeriu o nome Gaia para a hipótese. Gaia era o nome dado pelos antigos gregos a sua deusa da terra.

Lovelock vê a Terra como um organismo vivo do qual fazemos parte. Não somos nem o proprietário, nem o inquilino, nem mesmo um passageiro na metáfora obsoleta da "Espaçonave Terra". Qualquer espécie que afete o meio ambiente de forma nociva está condenada, mas a vida continua. Anos atrás, um artigo sobre Gaia na revista *New Scientist* levou um leitor a se perguntar: "Seria a AIDS uma resposta do ecossistema a uma espécie perigosa, o *Homo sapiens*, percebida como uma ameaça à estabilidade – ou mesmo à sobrevivência – do sistema?". Esse pensamento baseado na Hipótese de Gaia gerou controvérsia nas páginas de cartas da revista. No entanto, a palavra final veio de uma charge com a legenda: "Se Gaia quisesse que morrêssemos de AIDS, ela não teria feito as seringueiras".

A Hipótese de Gaia tem muitos oponentes porque não se adapta à ideia de evolução (p. 100).

A Teoria da Depleção da Camada de Ozônio

1974
Estados Unidos

F. Sherwood Rowland (1927-)
Mario Molina (1943-)

Os gases de clorofluorcarbonetos destroem a camada de ozônio da atmosfera superior.

A camada de ozônio absorve a maior parte da luz ultravioleta prejudicial do Sol e, portanto, protege os seres vivos da pior parte da radiação solar.

Clorofluorcarbonetos (CFCs, também conhecidos pelo nome comercial Fréon) são produtos químicos sintéticos e são utilizados como refrigerantes e agentes de expansão na produção de espuma rígida de polímeros (isopor). Na década de 1970, também eram comumente usados como propelentes em latas de *spray*. Os CFCs são compostos essencialmente inativos: não reagem na atmosfera, são insolúveis na chuva, não são absorvidos pelos oceanos e não são decompostos pela luz solar.

Rowland e Molina postularam que, como os CFCs são praticamente inertes na baixa atmosfera, todos eventualmente iriam subir até a camada de ozônio, onde seriam decompostos pela luz solar. As moléculas de cloro, assim liberadas, poderiam agir como catalisadoras em uma série de reações que teriam o efeito final de converter um pouco de ozônio em oxigênio. A camada de ozônio empobrecida permitiria que mais luz ultravioleta atingisse o solo. A hipótese de Rowland e Molina foi inicialmente ridicularizada, mas ganhou respeitabilidade científica quando os cientistas descobriram que houve uma acentuada diminuição na camada de ozônio sobre o Ártico e a Antártida. A maioria das nações industrializadas já reduziram o uso de CFCs. Rowland e Molina, junto com Paul Crutzen, foram agraciados com o Prêmio Nobel de Química, em 1995, por seu trabalho.

A Teoria do Asteroide como causa da Extinção dos Dinossauros

Luis Alvarez (1911-1988)

1980
Estados Unidos

Há cerca de 65 milhões de anos, um asteroide do tamanho de uma cidade grande atingiu a Terra, levantando uma grande nuvem de poeira que rapidamente cobriu o planeta como um cobertor, bloqueando a luz solar durante anos. As mudanças climáticas que se seguiram eliminaram os dinossauros, juntamente com quase 75% de todas as outras espécies.

Há muitas outras teorias sobre a morte dos dinossauros, mas a teoria do asteroide é agora considerada a principal delas.

No final dos anos 1970, Walter Alvarez (1940), um geólogo, descobriu acidentalmente quantidades enormes de irídio na Itália em uma camada de rocha que se formou há 65 milhões de anos, durante o reinado dos dinossauros. Como as rochas da Terra contêm quantidades muito baixas de irídio, um metal prateado parecido com a platina, Luis Alvarez, o pai de Walter, um físico premiado com o Nobel, sugeriu que o irídio na camada de rocha italiana vinha do espaço sideral. Ele também previu que grandes quantidades de irídio deveriam estar presentes, em todo o mundo, em rochas formadas há 65 milhões de anos. Desde que essa previsão foi feita, em 1980, os cientistas descobriram mais de cem camadas rochosas ricas em irídio em diversos pontos do mundo.

Walter e Luis Alvarez concluíram que um grande asteroide caiu do céu e atingiu a Terra. Em 1980, os geólogos descobriram uma cratera de impacto de 200 km de extensão enterrada sob a superfície em Chicxulub, no México. Muitos cientistas hoje acreditam que o asteroide que abriu a cratera também matou os dinossauros.

1985

Estados Unidos

As *Buckyballs*
Robert Curl (EUA, 1933-)
Harold Kroto (Reino Unido, 1939-)
Richard Smalley (EUA, 1943-2005)

Uma nova forma do elemento carbono na qual os átomos estão organizados em pequenas esferas ocas no formato de bolas de futebol.

Como o grafite e o diamante, as *buckyballs* são uma forma cristalina do carbono.

As *buckyballs* nasceram quando Curl, Kroto e Smalley estavam fazendo experiências com grafite vaporizado para formar longas cadeias de carbono. Eles produziram longas cadeias de carbono, mas ficaram intrigados ao descobrir que não apenas o carbono tende a formar moléculas com um número par de átomos, como também os aglomerados predominantes eram grupos de 60 carbonos. O que, eles se perguntavam, havia de especial em grupos de 60 carbonos? Como é que cada grupo formava uma estrutura estável de 60 átomos?

Kroto sugeriu que a molécula de 60 carbonos poderia se parecer com os domos geodésicos do arquiteto Buckminster Fuller, feitos de vidro e metal. Logo em seguida, Smalley percebeu que 60 átomos de carbono formam uma estrutura muito estável quando dispostos em uma esfera de 20 hexágonos e 12 pentágonos interligados. Kroto e Smalley deram a isso um nome apropriadamente grande, buckminsterfulereno, em honra a Fuller. A nova molécula é conhecida como uma *buckyball*. Curl, Kroto e Smalley foram agraciados com o Prêmio Nobel de química de 1996 por sua descoberta dessa nova forma de matéria. A descoberta marcou o início de um novo e próspero ramo da Química. *Buckyballs* são hoje fabricadas em uma variedade de formas e tamanhos, algumas com mais de 60 átomos de carbono.

A Hipótese de Eva
Allan Wilson (1934-1991)

1987

Estados Unidos

Todos os seres humanos evoluíram a partir de uma única mulher apelidada de Eva ou, mais provavelmente, a partir de um pequeno grupo de mulheres que viveram cerca de 200 mil anos atrás na África.

Nem todos os cientistas apoiam essa hipótese. Eles argumentam que os seres humanos se originaram há cerca de um milhão de anos em diferentes regiões do mundo.

Wilson, um evolucionista molecular da Universidade da Califórnia em Berkeley, junto com seus colegas Rebecca Cahn e Mark Stoneking elaborou sua hipótese da Mãe Eva após a análise do DNA mitocondrial (mtDNA) de 147 indivíduos da África, Ásia, Europa, Austrália e Papua-Nova Guiné. O DNA mitocondrial é passado para a próxima geração apenas no óvulo da mãe, sem participação do pai, porque as mitocôndrias do espermatozoide não sobrevivem à fertilização. Assim, o mtDNA de uma pessoa é herdado da mãe, da avó e assim por diante. A equipe de Wilson encontrou 133 tipos diferentes de mtDNA, que eles usaram para determinar uma árvore evolutiva que relacionava esses tipos uns aos outros, mostrando que os diferentes tipos de mtDNA têm uma raiz comum.

Outros cientistas descobriram que os homens de todo o mundo têm um trecho de DNA idêntico em seus cromossomos Y. A partir dessa observação, eles inferiram que todos os cromossomos Y dos seres humanos – que são herdados do pai e, portanto, contam o lado masculino da história – partilham de um mesmo ancestral que viveu cerca de 270 mil anos atráș.

O Conceito de *Web* de Berners-Lee

1991
Inglaterra

Tim Berners-Lee (1955-)

A *World Wide Web* (**WWW** ou simplesmente *web*) é um sistema de informações hipertextuais com interface gráfica na internet.

O crescimento colossal da *web* tornou reais os três objetivos de seu criador: (1) dar às pessoas informações atualizadas na ponta dos dedos; (2) criar um espaço de informação que todos pudessem compartilhar e no qual pudessem expor as próprias ideias e soluções; e (3) criar agentes para integrar a informação que está lá fora.

Em 1985, enquanto trabalhava no CERN – o laboratório de um consórcio de países europeus para estudo de Física de Partículas –, em Genebra, Tim Berners-Lee desenvolveu uma linguagem de programação simples, que ele chamou de HTML, ou HyperText Markup Language. HTML contém códigos simples (como "há palavras em <B>**negrito**</B> e <I>*itálico*</I> neste texto") que são usados para formatar o texto e incluir gráficos, áudio e vídeo. Ele também projetou um protocolo (HTTP, ou HyperText Transfer Protocol) para mover arquivos pela internet, e um sistema de endereços (URLs, ou Uniform Resource Locators) para localizar arquivos na internet. Faltava apenas uma maneira de visualizar arquivos em HTML. Ele criou um programa de navegação simples e, em 1991, apresentou os resultados nos computadores do CERN. O resto é história.

Berners-Lee nunca patenteou sua invenção. Em 2004, foi premiado com o primeiro 1,2 milhão de dólares do Millennium Technology Prize, atribuído às conquistas tecnológicas excepcionais que melhoram a qualidade de vida. A WWW de Tim-Berners Lee certamente acrescentou muito a nossas vidas.

A Hipótese de Crick sobre a Consciência
Francis Crick (1916-2004)

1994

Reino Unido

Não podemos alcançar uma verdadeira compreensão da consciência tratando o cérebro como uma caixa preta. É somente através do exame de neurônios e da estrutura interna entre eles que os cientistas poderão acumular o conhecimento necessário para criar um modelo científico da consciência.

Em suma, a consciência (ou alma) nada mais é do que uma complexa rede de neurônios.

O filósofo e matemático francês René Descartes (1596-1650) acreditava que a mente, algo imaterial que mantém a essência de um ser humano, era separada do cérebro, mas interagia com ele de alguma forma. Alguns cientistas ainda mantêm a crença de Descartes na independência da mente e do cérebro, mas muitos acreditam, hoje, que todos os aspectos da mente – inclusive a consciência, nossa percepção imediata e subjetiva do mundo e de nós mesmos – são mais provavelmente explicáveis de forma mais materialista como o comportamento de 50 bilhões de células nervosas do cérebro.

Até recentemente, neurocientistas e psicólogos ignoravam o estudo da consciência: o problema era considerado "filosófico" ou muito difícil de estudar experimentalmente. Mas o trabalho recente de Crick (ver a Estrutura em Hélice Dupla do DNA, p. 178) e outros tem gerado um interesse científico pela busca de uma explicação sobre como os processos no cérebro criam a percepção da consciência. É possível que nunca encontrem uma resposta. Crick publicou sua hipótese em seu livro *A hipótese espantosa – busca científica da alma* (1994).

A Teoria da Torrada em Queda
Robert Matthews (1959-)

1995
Inglaterra

Uma fatia de torrada caindo de um prato ou mesa tem uma tendência natural a aterrissar com o lado da manteiga para baixo.

Isso fornece evidência *prima facie* para A Lei de Murphy (ou, pelo menos, é o que Matthews alega).

Matthews, um físico da Universidade de Aston, na Inglaterra, escreveu em um detalhado ensaio de pesquisa – "A Torrada em Queda, a Lei de Murphy e as constantes fundamentais", publicado no *European Journal of Physics* (16/07/1995): "As torradas de fato têm uma tendência natural para cair com o lado da manteiga virado para baixo, essencialmente porque o torque gravitacional induzido enquanto a torrada cai a partir da borda de um prato ou mesa é insuficiente para fazer com que o lado com a manteiga esteja novamente para cima no momento em que a torrada atinge o chão". Esse argumento foi explicado por cálculos matemáticos ao longo de cinco páginas. As extraordinárias percepções de Matthews sobre o comportamento de torradas com manteiga fizeram com que ele ganhasse o Prêmio IgNobel de 1996 para a Física – uma paródia do Premio Nobel.

Em 2001, Matthews tentou provar sua teoria experimentalmente. Cerca de mil crianças em idade escolar de escolas de todo o Reino Unido tomaram parte em suas experiências e realizaram 9.821 quedas de torrada, das quais 6.101 resultaram em quedas com a manteiga para baixo. "E, assim, Robert Matthews demonstrou, tanto teoricamente quanto experimentalmente, que a natureza abomina qualquer chão recentemente aspirado a vácuo", afirmaram as nobres pessoas responsáveis pelo prêmio IgNobel. Agora você pode decidir se a Lei de Murphy (p. 175) é uma lenda urbana ou uma lei da ciência.

A Experiência de Clonagem de Mamíferos
Ian Wilmut (1944-)

1996

Escócia

Um mamífero pode ser clonado a partir de tecidos adultos.

Clones são indivíduos geneticamente idênticos de mesma origem produzidos por meio de reprodução não sexual. Rãs e outros animais já haviam sido clonados desde 1950, mas esta foi a primeira experiência bem-sucedida de clonar um mamífero.

Wilmut e sua equipe, no Instituto Roslin de Edimburgo, na Escócia, recolheram células dos tecidos das glândulas mamárias de uma ovelha adulta. Depois, pegaram óvulos de outra ovelha, retiraram seus núcleos, que contêm DNA, e fundiram os núcleos com as células mamárias usando pulsos elétricos. O processo substituiu o DNA do óvulo com o material genético originado desse tecido mamário. Foi feita uma cultura com os óvulos clonados, que cresceram até se tornarem embriões. Os pesquisadores clonaram 277 óvulos, dos quais apenas 29 cresceram até o estágio de embriões. Esses 29 embriões foram transplantados para 13 ovelhas, que serviram como "barrigas de aluguel". Cerca de cinco meses mais tarde, apenas um filhote de ovelha nasceu saudável. A ovelha, chamada Dolly, não tinha pai e seus genes vieram totalmente da teta de uma ovelha. A ovelha Dolly morreu em 2003.

Em 2000, a primeira patente para a clonagem foi emitida para a equipe de Wilmut. O experimento de clonagem de mamíferos tem sido repetido com sucesso em outras espécies de mamíferos, incluindo vacas e porcos. Essas experiências mostram que a clonagem de seres humanos é possível, mas tem grandes implicações teológicas, morais, sociais e éticas.

A Teoria da Terra como Bola de Neve
Paul Hoffman (1942-)

1998 — *Estados Unidos*

Cerca de 600 milhões de anos atrás a Terra subitamente caiu em um inverno tão extremo que, alguns milhares de anos depois, estava toda coberta por um manto de gelo com mais de 800 m de espessura. A bola de neve, que durou milhões de anos, foi o choque mais grave e mais frio que a Terra já experimentou. Em comparação, as eras glaciais foram apenas breves episódios de frio na história da Terra.

A Teoria da Bola de Neve é a mais discutível teoria nas ciências da Terra, pois contesta a visão convencional de que as mudanças no planeta acontecem muito lentamente.

Eventualmente, a temperatura da Terra começou a aumentar à medida que o acúmulo de gases vulcânicos transformou a atmosfera em uma estufa. Decorridos alguns séculos, o gelo derreteu, e o clima da Terra tornou-se muito quente e úmido. Uma vez que a estufa se dissipou, formas complexas de vida surgiram em profusão gloriosa, durante o que hoje conhecemos como a Grande Explosão da Era Cambriana.

A Teoria da Bola de Neve foi sugerida pela primeira vez em 1960 e, em 1992, Joe Kirschvink, um paleontólogo norte-americano, criou o termo "bola de neve". No entanto, Hoffman, nascido no Canadá, é o arquiteto-chefe e maior defensor da teoria. A Terra como bola de neve, ressalta ele, resolve uma série de mistérios inexplicáveis. "Eu sei que parece uma ideia bastante radical", diz Hoffman, "mas esta teoria é uma explicação tão boa para tantas observações independentes que é preciso acreditar que este é o caminho certo."

A Teoria de Tudo
Físicos em todo o mundo

De meados do século XX ao presente

Um nome chamativo para um modelo matemático que englobaria e explicaria tudo no mundo físico.

É uma descoberta que ainda não foi confirmada.

Durante décadas, como cavaleiros em busca de um graal visionário, físicos de todo o mundo têm procurado uma única teoria que possa constituir uma teoria unificada das partículas e forças elementares.

Partículas elementares são as unidades fundamentais da matéria. Elétrons, prótons e nêutrons são as partículas mais conhecidas.

O universo, de acordo com o modelo-padrão (p. 188), é mantido em conjunto por quatro tipos de forças fundamentais. *Gravidade* é a força de longo alcance: ela mantém as cadeiras no chão e os planetas em suas órbitas. *Força eletromagnética* é a atração e repulsão entre partículas carregadas: ela permite que as lâmpadas incandescentes brilhem e que os elevadores subam. A *força forte* mantém os núcleos atômicos juntos: ela une os prótons e nêutrons em um núcleo atômico. A *força fraca* também é um tipo de força nuclear: ela faz com que as partículas elementares sejam expelidas do núcleo atômico durante o decaimento nuclear de elementos radioativos como o urânio. A magnitude dessas forças varia amplamente. Na ordem de intensidade, as forças estão ordenadas assim: forte, eletromagnética, fraca e gravidade. A força forte é cem vezes mais forte que a força eletromagnética, que é um sextilhão de vezes (1 com 36 zeros depois dele) mais forte que a gravidade.

Após a publicação de sua Teoria da Relatividade Geral (p. 142) em 1915, explicando o comportamento da gravidade, Einstein tentou ligar a gravidade com a força eletromagnética, mas não foi bem-sucedido. Em 1970 outros físicos mostraram que a força fraca e a força eletromagnética poderiam ser vistas como aspectos diferentes de uma única força eletrofraca. As teorias que tentam acrescentar a força forte a essa combinação são chamadas Teorias da Grande Unificação. Mas acrescentar a última força – a força de gravidade – há muito tem frustrado os físicos.

Uma grande descoberta surgiu na década de 1980, quando os físicos propuseram a existência de tudo em termos de supercordas – cordas inimaginavelmente finas, tão pequenas que, se mil quintilhões (1 com 33 zeros) delas fossem coladas uma após as outras, teriam apenas 1 cm de extensão. Além da teoria de cordas, existem hoje muitas outras teorias de tudo, mas não há consenso.

Veja também a Teoria dos *Quarks* de Gell-Mann (p. 188).

Albert Einstein

Os físicos ainda perseguem seu Santo Graal, como os cientistas de outras áreas. A busca continua. Einstein disse uma vez: "Conforme o círculo de luz se expande, também se expande a circunferência de escuridão em torno dele". Nosso crescente círculo de conhecimento estará sempre circundado por escuridão.

As Perguntas de Fermi
Enrico Fermi (1901-1954)

De meados do século 20 ao presente

Itália
Estados
Unidos

Perguntas que podem ser respondidas quantitativamente por aproximações vagas, palpites inspirados e estimativas estatísticas a partir de muito poucos dados.

Uma pergunta de Fermi é respondida fazendo-se suposições razoáveis, e não necessariamente confiando em um conhecimento definido para obter uma resposta exata.

Fermi, o maior cientista italiano dos tempos modernos, foi forçado a deixar a Itália logo após receber o Prêmio Nobel de Física de 1938 por seu trabalho em processos nucleares. Mudou-se para os EUA, onde construiu, em 1942, o primeiro reator nuclear do mundo.

Fermi adorava fazer perguntas inusitadas sobre aspectos do mundo natural e, em seguida, descobrir as respostas. Algumas perguntas clássicas de Fermi: Quantos afinadores de piano há na cidade de Chicago? Quantos átomos poderiam ser razoavelmente tidos como pertencentes à jurisdição dos EUA? Quão longe pode voar um corvo? Você pode encontrar muitas perguntas do tipo Fermi na internet. Basta colocar "perguntas de Fermi" em sua página de buscas. Enquanto isso, quantos selos de Fermi seriam necessários para cobrir todas as páginas deste livro? Você pode até propor suas próprias perguntas de Fermi.

O selo emitido nos EUA para celebrar o centésimo aniversário do nascimento de Fermi, em 29 de setembro de 2001.

Apêndice

O Método Científico

"Os princípios e leis da Ciência não residem na superfície da natureza", escreveu John Dewey, filósofo e educador norte-americano, em seu livro *Reconstruction in Philosophy* (1920). "Eles estão ocultos e devem ser arrancados da natureza por uma técnica de investigação ativa e bem estruturada."

É essa "técnica de investigação", e não os fatos, que torna a Ciência única. Com poucas exceções, o método científico envolve a seguinte sequência:

1. observações e busca de dados
2. hipóteses para explicar as observações
3. experiências para testar as hipóteses
4. formulação de uma teoria
5. confirmação experimental da teoria
6. confirmação matemática ou empírica da teoria na forma de uma lei científica
7. uso da lei científica para prever o comportamento da natureza.

O método científico é uma contínua interação recíproca entre observações e hipóteses: as observações levam a novas hipóteses, que geram mais experiências, que ajudam a mudar as teorias já existentes.

Alguns termos científicos

Hipótese: possível explicação para os fatos observados. Uma hipótese deve ser sustentável para os objetivos da investigação. Toda teoria ou lei, em Ciência, começa como uma hipótese. Uma hipótese pode ser confirmada por meio de experiências, que são observações sob condições controladas. Quando as observações ou dados experimentais não sustentarem a hipótese, esta deve ser alterada ou descartada.

Teoria: hipótese que foi testada por meio de experiências, e para a qual foram encontradas exceções. Uma teoria pode ser usada para prever fenômenos.

Lei científica: teoria que foi verificada matematicamente. Uma lei, tal como a lei da gravitação de Newton, é uma declaração concisa e genérica sobre o comportamento da natureza. Para declarações menos genéricas, tais como o princípio de Arquimedes, o termo "princípio científico" deve ser usado.

Modelo: imagem matemática ou visual de um conjunto específico de fenômenos. Um modelo pode ser matemático ou físico. Um modelo matemático consiste em equações e regras detalhadas que refletem o que acontece em um evento real. Um modelo físico representa um objeto real. Um modelo nunca está perfeito, e os cientistas atualizam constantemente seus modelos com base em novas observações.

Regra: conjunto de instruções a respeito de um método ou procedimento.

Postulado: princípio ou proposição amplamente aceito.

Axioma: ponto de partida impossível de ser demonstrado.

Teorema: declaração de uma verdade matemática em conjunto com quaisquer condições restritivas.

Sistema: parte do mundo material que os cientistas selecionam para estudos e experiências. Por exemplo, os astrônomos estudam estrelas e o Sistema Solar; os biólogos estudam os seres vivos; e geólogos, rochas e minerais.

Paradoxo: proposição que parece ser absurda ou autocontraditória, mas que é ou pode ser verdadeira.

Equação: mostra a relação entre duas ou mais quantidades. Por exemplo, a famosa equação de Einstein, $E=mc^2$, mostra a relação entre a energia (E) e a massa (m); a velocidade da luz (c) é uma constante fundamental. Uma constante fundamental correlaciona duas ou mais variáveis e seu valor nunca se altera.

Ciência e pseudociência

Pseudociência são ideias e crenças, tais como a astrologia e a telepatia, que se fazem passar por Ciência, mas possuem apenas uma relação remota com o método científico. As teorias da verdadeira Ciência são continuamente ampliadas e atualizadas, mas as ideologias da pseudociência são fixas.

O eminente biólogo matemático J.B.S. Haldane (1892-1964) descreveu o processo de aceitação de uma ideia científica como tendo quatro estágios: (i) isso é um completo absurdo; (ii) este é um ponto de vista interessante, porém errôneo; (iii) isso é verdadeiro, mas nem um pouco importante; (iv) eu sempre disse isso. (Retirado do *Journal of Genetics*, 1963, v. 58, p. 464.)

Índice

Os títulos de entradas, assim como alguns termos que foram destacados ao longo do livro, estão em negrito

A

abordagem
    a posteriori 25
    a priori 25
    dedutiva 25
absorção de calor 93
aceleração, força e massa 41
ácido desoxirribonucleico (DNA), estrutura do 178
ácidos como doadores de prótons 145
ácidos e bases
    conceito de Arrhenius 112
    conceito de Brønsted-Lowry 145
    valores de pH 136
adenina 178
Agassiz, Jean 87
Álgebra booleana 99
almagesto, O (Ptolomeu) 17
alótropos 88
Alvarez, Luis 193
Alvarez, Walter 193
Ampére, André Marie 75
análise
    matemática da lógica (Boole) 99
    por raios X de grandes moléculas orgânicas 179
anãs brancas, máxima massa possível 160-161
Anderson, Carl 151
ângulos retos 11-12
aniquilação de matéria e antimatéria 151-152
anticorpos 127
    estrutura química dos 183
antielétrons 151
antígenos 127, 183
antipartículas 151, 180
antiprótons 151-152
aquecimento global 125
Aquiles e o jabuti 8
ar exercendo pressão 32
Aristóteles 9, 25, 28, 32, 35
Arquimedes 13-15
Arrhenius, Svante 112, 125
Asimov, Isaac 170
assimetria, interações de partículas elementares 180
Atlas Internacional de Nuvens 66
atmosfera, efeito Coriolis 85-86
Átomo de Bohr, O 141
átomos 9, 67, 126
    comportamento quando próximo do Zero Absoluto 147
    e moléculas 70
    elétrons com números quânticos diferentes 148
    modelo de Thomson 126
    modelo de Rutherford 138-139
    modelo quântico 130,141
    níveis de energia 94
    orbitais 157
    "átomo primordial" 173
atrações e repulsões elétricas 54
automatização, controle de desempenho do sistema 172
Avogadro, Amedeu 70
axioma, definição 206

B

bandas de interferência 64
bases
    como receptores de prótons 145
    ver também ácidos e bases
Babbage, Charles 83
Bacon, Francis 25
Ballot, Christoph Buys 86, 89
Beaumont, William 82
Becquerel, Henri 128-129
Beira-mar (Carson) 186
Bell, E.T. 80
Berger, Hans 154
Berners-Lee, Tim 196
Bernoulli, Daniel 46-47
bertolídeos 62
Berthollet, Claude 62, 67
Berzelius, Jöns Jacob 88, 122
Bethe, Hans 168
biologia experimental 36

Bode, Johann 52
Bohr, Niels 130, 141, 169
bóhrio 169
"bola de neve suja" 177
Boltzmann, Ludwig 110
bomba a vácuo 32, 35
Bondi, Hermann 174
Boole, George 99
Bose, Satyendra Nath 147
bósons 188
Boyle, Robert 35
Bragg, William Henry 140
Bragg, William Lawrence 140
Brahe, Tycho 21
breve história no tempo, Uma (Hawkins) 190
Broglie, Louis de 146
Brønsted, Johannes 145
Brown, Robert 74
Bruno, Giordano 21
buckminsterfulereno 194
Buckyballs, As 194
Bunsen, Robert 102-103
buracos negros 161, 190
Burbidge, Geoffrey 181
Burbidge, Margaret 181

C
cães
    reflexos condicionados 131
    sistema digestivo 131
Cahn, Rebecca 195
Caixa Mágica de Friese-Greene, A 118-119
cálculo 37
Cálculo de Leibniz, O 37
calor
    absorção de 93
    como uma forma de energia 90
    e trabalho 90, 92
    não flui espontaneamente

de um corpo mais frio para outro mais quente 96
    produzido por trabalho mecânico 60
    reflexão de 93
Calvin, Melvin 182
camada de ozônio, impacto dos CFCs na 192
câmeras, foto em movimento 118-119
Campbell, John W. 96
campo elétrico
    definição de 54
    mudança de 104
    relação com carga elétrica 80, 104
campos magnéticos
    e polos magnéticos 104
    mudança induzida por corrente elétrica 78, 104
    produzido por corrente elétrica 71, 75, 104
cancerígenos 184
Cannizzaro, Stanislao 70
capacitor 49
características espectrais, metais 102-103
carbono
    alótropos 88
    buckyballs 194
    formação de moléculas orgânicas em forma de anel 107
carbono-14, meia-vida 171
cargas elétricas 49-51, 54
    relação com campo elétrico 80, 104
Carnot, Nicolas Sadi 73
Carson, Rachel 186
catalisadores 122, 168
catastrofismo 77

Celsius, Anders 48
cérebro
    e a mente 197
    e o modelo científico da consciência 197
céu e inferno, temperaturas de 110
céu noturno, escuridão do 72
céus mutáveis 21
Chandrasekhar, Subrahmanyan 160-161
Charles, Jacques 56
chips de computador, duplicação do número de transistores dos 189
cibernética 172
Cibernética de Wiener, A 172
ciclo
    carbono-nitrogênio-oxigênio (CNO) 168
    circadiano 43-44
    das Manchas Solares, O 91
    de Calvin da Fotossíntese, O 182
    de Carnot, O 73
    de Hatch-Slack 182
ciência 206-207
cinematografia 119
cinetoscópio 118
Cinturão de Kuiper 176
circuitos elétricos
    soma de correntes 93
    soma de voltagens 93
circulação sanguínea 27
círculo 11, 15
circunferência 15
citosina 178
civilizações
    tecnologicamente avançadas na Via Láctea 185

classificação
  de Howard das Nuvens, A 66
  de plantas com flores 38
  sistema de Lineu 45
Clausius, Rudolf 96
clorofila 53
clorofluorcarbonetos (CFCs), impacto na camada de ozônio 192
Coffin, Robert Allan 86
coleção botânica 74
coloides 79
cometas
  definição 21
  Cinturão de Kuiper 176
  estrutura 177
  nuvem de Oort 176
comportamento estratégico em situações de competição 166
composição constante, lei da 62
compostos orgânicos
  formação na atmosfera terrestre a partir de compostos inorgânicos 164
  teoria dos 107
compostos químicos
  composição 62
  e valência 98
comprimento de onda de De Broglie 146
conceito
  de Ácidos e Bases de Arrhenius, O 112
  de Ácidos e Bases de Lewis, O 145
  de Alótropos de Berzelius, O 88
  de Ácidos e Bases de Brønsted-Lowry, O 145
  de Tesla de Corrente Alternada, O 117
  de Dirac do Monopolo Magnético, O 158
  de Espécies de Ray, O 38
  de Galvani e Volta de Corrente Elétrica, O 58-59
  dos Grupos Sanguíneos de Landsteiner, O 127
  de Oliphant dos Isótopos de Hidrogênio, O 162
  de Paridade de Lee e Yang, O 180
  de Sistema Solar de Galileu, O 29
  de *Web* de Berners-Lee, O 196
  Condensado de Bose-Einstein, O 147
condicionamento 131
condutores 49
conjunção planetária 23
consciência 197
constante
  do gás 56
  de Hubble, A 155
  de Planck, A 130
contração de Fitzgerald *ver* contração de Lorentz-Fitzgerald
Contração de Lorentz-Fitzgerald, A 121
contração de um objeto próximo da velocidade da luz 121
conversão de energia 53
Copérnico, Nicolau 20, 29
Coriolis, Gaspard de 85-86
corpos em queda, movimento dos 28
Corpus de Hipócrates 10
corrente alternada (AC) 117
  transmissão 117
corrente contínua (CC) 117
corrente elétrica 58-59
  e força de atração/repulsão em fios condutores 75
  e mudança de campo magnético junto a um condutor 78, 104
  produção de campo magnético 71, 75, 104
  proporcional à diferença de potencial 76
  soma de 93
corrente induzida 78
corrente *ver corrente elétrica*
Coulomb, Charles de 54
crescimento exponencial 189
Crick, Francis 178, 197
cristais, ligações químicas 157
cristalografia por raios X 140, 179
cromossomo Y (humanos) 195
crosta oceânica 143-144
Curie, Marie 128-129, 169
Curie, Pierre 128-129, 169
cúrio 169
Curl, Robert 194
Cybernetics: Control and Communication in the Animal and the Machine (Wiener) 172

D
Dalton, John 62-63, 67
daltonídeos 62

daltonismo 63
Darwin, Charles 61, 77, 100-101
Datação por Carbono-14, A 171
Davy, Humphry 67
De magnete (Gilbert) 22
De revolutionibus orbium coelestium (Copérnico) 20
decaimento beta 156
Demócrito 9
Demonstração de uma Bomba a Vácuo, por Guericke, A 32
densidade
  dos gases e taxa de difusão 79
  e deslocamento 13-14
deriva continental 143-144
Descartes, René 197
deslocamento 13-14
desvio para o vermelho 72
deutério 162
diálise 79
Diálogos sobre os dois principais sistemas do mundo (Galileu) 28-29
diâmetro 15
diferença de potencial 76
difusão dos gases 79
digestão 82
dígitos binários 99
dínamos, regra de Fleming da mão direita 120
Diógenes Laércio 9
dióxido de carbono 53, 182
  atmosférico 125
  como gás do efeito estufa 125
Dirac, Paul 151-152, 158
direção do vento em um mapa meteorológico 86

discromatopsia 63
dispositivo Enigma 165
dissociação iônica 112
distúrbio afetivo sazonal 44
DNA
  e câncer 184
  mitocondrial (mtDNA) 195
doença (*Corpus* de Hipócrates) 10
doença, teoria do germe da 106
Dolly (ovelha clonada) 199
Doppler, Christian Johann 89
Drake, Frank 185
dualidade onda-partícula 65

E
$E = mc^2$ 134, 152, 206
eclipse solar 142
Edelman, Gerald 183
Edison, Thomas 117-119
efeito
  Borboleta, O 187
  Coriolis, O 85-86
  Doppler, O 89
  Estufa, O 125
  fotoelétrico 130
  Venturi, O 47
Einstein, Albert 64-65, 74, 130, 132-134, 142, 146-147, 169, 201-202
  Teoria da relatividade geral 40, 142, 201
  Teoria da relatividade restrita 113, 121, 132-133
einstêinio 169
eixo circadiano 44
elasticidade de um material 34
eleitos, Os (Wolfe) 153
elementos, Os (Euclides) 11
elementos 35
  características

espectrais 102-103
  conceito antigo (água, ar, fogo e terra) 10, 35
  existência de duas ou mais formas 88
  origem dos 181
  peso atômico 108
  radioativos 128-129
  Transurânicos, Os 169
  valência 98
"elétricas" (Gilbert) 22
eletricidade
  armazenamento de 49-51
  e eletrólise 84
  elétron como unidade fundamental de 135
  e magnetismo 71
  solar 53
"eletricidade animal" 58-59
eletroencefalograma (EEG) 154
eletrólise, leis de 84
eletromagnetismo 71, 75
elétron 126, 156, 188, 201
  carga dos 135
  diferença de números quânticos 148
  dualidade partícula/onda 146
  impossibilidade de determinar posição e momento 150
  massa 135
  órbita no átomo 141
  padrão de mudança de onda 149
  probabilidade de achar em determinado lugar 149
eletroscópio 22, 129
empregados, promoção para um nível de incompetência 175

empuxo 13-14
energia
    e relação com massa
        134, 152, 206
    irradiada por corpos
        negros 110
    quantum 130
energia solar
    produção 53
    uso pelas plantas 53,
        182
Engels, Friedrich 61
"Ensaio anatômico
    sobre o movimento
    do coração e do
    sangue em animais"
    (Harvey) 27
*Ensaio sobre o princípio da
    população* (Malthus) 61
entropia 96
enzimas, ação catalítica 122
equação
    de Drake, A 185
    de Schrödinger, A 149
    do gás ideal 56
    massa-energia 134,
        152, 206
equação, definição 206
equações
    $a^2 + b^2 = c^2$ 7
    $2d\mathrm{sen}\theta = n\lambda$ 140
    $\Delta U = H - W$ 90
    $E = hf$ 130
    $E = mc^2$ 134, 152, 206
    $F = GmM/r^2$ 39
    $F = ma$ 41
    $I = I^1 + I^2 + I^3 + ...$ 93
    $\lambda = h/p$ 146
    $N = R.p.e.l.i.c.L$ 185
    $n^1 \mathrm{sen}\, i = n^2 \mathrm{sen}\, r$ 26
    $p^1V^1 = p^2V^2$ 34
    pV = constante 35
    $pV = nRT$ 56
    Pv/nT = constante 56
    pV/T = constante 56

$s = 1/2gt^2$ 28
$v = gt$ 28
$V = V^1 + V^2 + V^3 + ...$ 93
V/T = constante 56
$V_1/T_1 = V_2/T_2$ 56
$x_n + y_n = z_n$, para n>2 30
**Equações de Maxwell,
    As** 104
equações matemáticas,
    solubilidade de 81
equilíbrio de Nash 166
**Equivalente Mecânico do
    Calor de Joule, O** 92
Era do Gelo 87, 200
Eratóstenes 7, 16
ervilhas, experimentos
    genéticos 105
escala
    centígrada 48
    de acidez 136
    de alcalinidade 136
    de eletronegatividade
        157
    de pH, A 136
    **de Temperatura
    Celsius, A** 48
    Fahrenheit 48
    Kelvin 94
    Richter, A 163
escalas de temperatura
    Celsius 48
    Fahrenheit 48
    Kelvin 94
escalada da ciência, A
    (Silver) 158
esferas celestes 21
espécies
    conceito de 38
    origem das 100-101
espectro eletromagnético
    115
espectroscópio 102
estado
    excitado (níveis de
        energia) 94

    fundamental (nível de
        energia) 94
    quântico (átomos
        perto do Zero
        Absoluto) 147
estados da matéria 46
estômago, digestão no 82
Estrela de Belém, A 23
estrelas
    de nêutrons 160
    máxima massa
        possível, anãs brancas
        160-161
    produção de energia
        168
    síntese de elementos
        181
estrutura
    atômica 126, 138
    celular 74
    de camadas dos
        elétrons 148
    **de Hodgkin
    de Moléculas
    Biológicas, A** 179
    **em Hélice Dupla do
    DNA, A** 178
    **Química dos
    Anticorpos, A** 183
Euclides 11
Euler, Leonhard 15
evolução
    hipótese da mãe Eva
        195
    por seleção natural
        100-101
experiência
    **de Clonagem de
    Mamíferos, A** 199
    de Young da fenda
        dupla 64
*Experiências e observações
    sobre o suco gástrico e
    a fisiologia da digestão*
    (Beaumont) 82

experimento
 da Gota de Óleo de Millikan, O 135
 de Fizeau sobre a Velocidade da Luz, O 95
 de Michelson-Morley, O 113
experimentos
 de Beaumont com o Suco Gástrico, Os 82
 de Berger sobre Ondas Cerebrais, Os 154
 dos Curie sobre Pechblenda, Os 128-129
extinção dos dinossauros, teoria do asteroide 193

F
Fahrenheit, Gabriel 48
farad 84
Faraday, Michael 78, 84
feedback (cibernética) 172
Fermat, Pierre de 30, 33
Fermi, Enrico 156, 169, 203
férmio 169
Fibonacci, Leonardo 18
ficção científica 170, 181
física da partícula, modelo-padrão 20, 188
Fissão Nuclear, A 167
Fitzgerald, George 121
Fizeau, Armand Hippolyte Louis 95
Fleming, John Ambrose 120
Flinders, Matthew 74
fluidos, movimento dos 39
fluxo de fluido, relação entre as forças de pressão e forças de viscosidade 111
fluxo elétrico 80
força
 eletromagnética 180, 201-202
 existência em pares 41
 fraca 180, 201-202
 gravitacional 39-40
 massa e aceleração 41
forças de pressão, relação entre as forças de viscosidade e 111
forças de viscosidade e de pressão (fluxo de fluido) 111
fótons 65, 130
 dualidade onda/partícula 146
fotossíntese 53
 ciclo de Calvin 182
Foucault, Léon 97
Fowler, W.A. 181
François, Arago 75
Frankland, Edward 98
frente de onda 42
Fresnel, Augustin 65
Friese-Greene, William 118-119
Frisch, Otto 167
Fuller, Buckminster 194
funções (matemáticas) 37
fusão nuclear 168

G
galáxias 72, 155
 número de civilizações tecnicamente avançadas nas 185
Galilei, Galileu 28-29
Galois, Évariste 81
Galvani, Luigi 58-59
Gamow, George 116
Garrafa de Leyden, A 49-51
gases
 estrutura molecular 46
 número de moléculas e volume 70
 que combinam os volumes 68
 pressão parcial dos 63
 relação pressão-velocidade 47
 relação pressão-volume 35
 relação temperatura-volume 56
 taxa de difusão 79
 teoria cinética 46
 do efeito estufa 125
gato de Schrödinger 149
Gauss, Carl 80
Gay-Lussac, Joseph Louis 68
Geiger, Hans 138-139
Gell-Mann, Murray 188
genes 105
genética
 características adquiridas por uma geração podem herdadas pela próxima 78
 experimentos com ervilhas 105
 leis da hereditariedade 105
geologia, princípio uniformitário 55, 77
geometria
 postulados de Euclides 11
 teorema de Pitágoras 7
 geometria euclidiana 11-12
geração espontânea, teoria da 36
Gilbert, William 22
glândula pineal 44
Gödel, Kurt 159
Gold, Thomas 174, 181
Goldstein, Eugen 126
Graham, Thomas 79

gravidade 39, 180, 201-202
   curvatura da luz, e a 142
Gray, Stephen 49
Gregory, James 8
grupos sanguíneos A, B, e O 127
guanina 178
Guericke, Otto von 32

H

Hahn, Otto 167
Haldane, J.B.S. 207
Harvey e a Circulação Sanguínea 27
Harvey, William 27
Hatch, M.D. 182
Hawking, Stephen 190
Heisenberg, Werner 150
herança
   de características adquiridas 69
   leis de Mendel 105
hereditariedade 69, 105
Herschel, William 52
Hertz, Heinrich 114-115
Hess, Harry Hammond 143
hibridação 157
Hipócrates 10
hipotálamo 44
hipotenusa 7
hipótese
   da Mãe Eva, A 195
   de afastamento do assoalho oceânico 143
   de Crick sobre a Consciência, A 197
   de Gaia, A 191
hipótese espantosa, A (Crick) 197
hipóteses
   definição 205
   e observações 25
Historia plantarum generalis (Ray) 38
Hodgkin, Dorothy

Crowfoot 179
Hoffman, Paul 200
Hooke, Robert 35
Horsfall, Frank 184
HTML (Hypertext Markup Language) 196
Howard, Luke 66
Hoyle, Fred 173-174, 181
Hubble, Edwin 155
humanos
   evolução a partir das mulheres africanas 195
   evolução a partir do macaco 100
Humboldt, Alexander von 68
humores, quatro (fleuma, sangue, bile e bile negra) 10
Hutton, James 55
Huygens, Christiaan 42, 64

I

imunoglobina 183
incompletude da matemática 159
índice refratário 26
indução eletromagnética 78
inércia 41
Ingenhousz, Jan 53
insulina, estrutura 179
interferência
   construtiva 64
   destrutiva 64
   entre ondas 64-65
internet 196
Investigation into the Laws of Thought, An (Boole) 99
irídio 193
isótopos de hidrogênio 162

J

jet lag 43
Joule, James Prescott 92
juramento hipocrático 10

K

Kanada, Yasumasa 15
Kekulé, Friedrich August 107
Kelvin, Lorde 95
Kepler, Johannes 21, 23-24
Kirchhoff, Gustav 93, 102-103
Kirschvink, Joe 200
Kleist, Ewald Jurgen von 49-51
Kroto, Harold 194
Kuiper, Gerard P. 176

L

larvas 36
lei científica, definição 206
lei
   da Elasticidade de Hooke, A 34
   da Gravitação de Newton, A 39-40
   da Indução de Faraday, A 78
   da junção 93
   da radiação de Kirchhoff 93
   da segregação independente 105
   das Proporções Múltiplas, A 67
   das proporções definidas 62
   de Ampére, A 75
   de Avogadro, A 70
   de Bode, A 52
   de Boyle, A 35
   de Bragg, A 140
   de Buys Ballot, A 86
   de Charles, A 56
   de conservação da paridade 180
   de conservação de energia 90, 116, 156
   de conservação da massa 57

de conservação de
paridade 180
de Coulomb, A 54
**de Dalton de pressões
parciais, A** 63
**de Galileu sobre a
queda dos corpos, A** 28
de Gauss, A 80
**de Gay-Lussac da
combinação de
volumes, A** 68
**de Graham da
difusão, A** 79
**de Gravitação de
Newton, A** 39-40
de Hubble, A 155
**de Lavoisier de
Conservação de
Massa, A** 57
de Lenz, A 78
de Moore, A 189
de Murphy, A 175, 198
de Ohm, A 76
de Pascal, A 31
**de Proust da
Composição
Constante, A** 62
de Snell, A 26
**de Stefan-
Boltzmann, A** 110
**do Movimento de
Newton, A** 41
dos nós 93
leis
da eletrólise 84
**de Faraday da
Eletrólise, As** 84
de Kirchhoff, As 93
**de Kepler para
o Movimento
Planetário, As** 24
do movimento 39-41
**de Mendel da
Hereditariedade, As**
105
periódicas de

Mendeleev 108-109
leptons 188
ligações químicas 98, 157
**Limite de
Chandrasekhar, O**
160-161
limite de elasticidade de
materiais 34
linhas
paralelas 11-12
retas 11
líquidos, estrutura
molecular 46
litosfera 143
Lógica Booleana, A 99
Lagrange, Joseph 71
Lamarck, Jean-Baptiste 69
Landsteiner, Karl 127
Lavoisier, Antoine 57
Le Châtelier, Henri Louis
116
Lee, Tsung-Dao 180
Leibniz, Gottfried 37
Lemaître, Georges 173
Lenz, Heinrich 78
Lewis, Gilbert 145
Libby, Willard 171
Lineu, Carlos 45
Lorentz, Hendrik 121
Lorenz, Edward 187
Lovelace, Ada Augusta
King, condessa 83
Lovelock, James 191
Lowry, Thomas 145
Lutero, Martinho 20
luz
como radiação
eletromagnética 65
curvada pela
gravidade 142
de galáxias distantes 72
natureza de onda da
42, 64-65
natureza de partícula
da 42, 65

no vácuo 32
Lyell, Charles 77

M
magnetismo 22
e eletricidade 71, 75
Mach, Ernst 153
Mairan, Jean-Jacques
d'Ortous de 43-44
Malthus, Thomas 61
manchas solares 91
*Manual de robótica,
56ª ed, 2058 d.C.*
(Asimov) 170
mapa meteorológico,
direção do vento
num 86
máquina
**Analítica de
Babbage, A** 83
eletrostática 50
de Turing 165
máquinas de movimento
perpétuo 116
mar que nos cerca, O
(carson) 86
Marconi, Guglielmo 115
Marsden, Ernest 138-139
massa
força e aceleração 41
máxima possível, anãs
brancas 160-161
massa atômica relativa 108
matemática, incompletude
da 159
matéria uniforme e
contínua 9
material orgânico, era
estimada do 171
Matthews, Robert 198
máximos solares 91
Maxwell, James Clerk
46, 104
Mayer, Julius Robert von 90
McMillan, Edwin 169

mecânica 39
medicina hipocrática 10
Medição da Terra por Eratóstenes, A 16
meia-vida 171
meio ambiente e vida como duas partes de um único sistema 191
Meitner, Lise 167, 169
meitnério 167, 169
melatonina 44
Men of Mathematics (Bell) 83
Mendel, Gregor 105
Mendeleiev, Dmitri 108-109, 169
mendelévio 109, 169
mente brilhante, Uma (Nasser) 166
mente e cérebro 197
metais
　características espectrais 102-103
　supercondutores: propriedades em temperaturas baixíssimas 137
método
　científico 25, 205
　Científico de Bacon, O 25
　indutivo 25
Michelson, Albert 113
microchips 189
micro-organismos 106
Miller, Stanley 164
Millikan, Robert 135
mínimos solares 91
modelo
　Atômico de Rutherford, O 138-139
　Atômico de Thomson, O 126
　quântico do átomo 130, 141
　definição de 206

Modelo-Padrão da Física de Partículas, O 188, 201
modelos atômicos 126, 130, 138-139, 141
mol 84
molécula de benzeno 107
molécula genética, estrutura do DNA 178
moléculas 70
　comportamento próximas do Zero Absoluto 147
　de um gás, número de, e volume 70
　ligações químicas 157
　moléculas orgânicas em forma de anel 107
　níveis de energia 94
moléculas biológicas, estrutura 179
Molina, Mario 192
monopolo magnético 158
Moore, Gordon 189
Morgenstern, Oskar 166
Morley, Edward 113
motor térmico reversível 73
motores elétricos, regra de Fleming da mão esquerda 120
movimento
　acelerado 28
　aleatório das partículas 74
　Browniano, O 74
　como uma ilusão 8
　da Terra, efeito na velocidade da luz 115
　de corpos em queda 28
　de fluidos 39
　leis do 39-41
movimento planetário 21
　leis de Kepler 24
　matemática do 17
Mudança climática 125, 193

múon 156
Murphy Jr., Edward A. 175
Musschenbroek, Pieter van 49

N
nanochips 189
Nash, John 166
Nasser, Sylvia 166
natureza
　aleatória de um sistema 97
　de onda da luz 42, 64-65
　de partícula da luz 42, 65
Navalha de Ocam, A 19
neptúnio 169
Netuno 52
Neumann, John von 166
neutralização ácido-base 112
neutrinos 156
nêutrons 188
Newton, Isaac 34, 37, 39-42, 64
Nichols, George E. 175
níveis de energia (átomos) 94
Nobel, Alfred 169
nobélio 169
Nolet, abade 51
nome
　da espécie 45
　do gênero 45
nomenclatura binomial 45
nominalismo 19
Novum organum (Bacon) 25
núcleo
　atômico, decaimento beta 156
　das células 74
　do urânio, fissão do 167
　dos átomos 138-139
　supraquiasmático (SCN) 44

nucleossíntese estelar 181
numerais árabes 18
número
    atômico 108
    de Avogadro, O 70
    de Mach, O 153
    de Reynolds, O 111
números
    de Fibonacci, Os 18
    finitos 8
    infinitos 8
    irracionais 15
    quânticos 148
Nuvem de Cometas de Oort, A 176
nuvens
    cirrus 66
    cumulos 66
    stratus 66

O

observação e formulação de hipóteses 25
Ocam, Guilherme de 19
Oersted, Hans Christian 71
Ohm, George Simon 76
Olbers, Heinrich Wilhelm 72
Oliphant, Marcus 162
ondas
    cerebrais 154
    de De Broglie, As 146
    de luz, efeito Doppler 89
    de rádio 114-115
    de rádio de Hertz 114-115
    eletromagnéticas 104, 114-15
    interferência entre 64-65
    propagação de 42
    sísmicas 163
    sonoras de fontes em movimento 89

Onnes, Heike Kamerlingh 137
Oort, Jan 176
Oparin, Aleksandr 164
operações lógicas expressas em símbolos matemáticos 99
orbitais (átomos) 157
órbitas planetárias 24
origem da vida 164
origem das espécies, A (Darwin) 61, 77, 100
origem do homem, A (Darwin) 100
origens dos continentes e dos oceanos, As (Wegner) 143
Ostwald, Friedrich Wilhelm 122

P

papel de celuloide (filme fotográfico) 118
Paradoxo de Olbers, O 72
paradoxo, definição 206
paradoxos de Zenão 8
paridade (partículas elementares) 180
partículas
    classificação 188
    impossibilidade de determinar posição e momento 150
    interações 180
    movimento aleatório das 74
    padrão de onda das 149
    paridade 180
    teoria dos *quarks* 188
Pascal, Blaise 31, 33
Pasteur, Louis 36, 106
Pauli, Wolfgang 148, 156, 158
Pauling, Linus 157

Pavlov, Ivan 131
Peter, Laurence 175
Planck, Max 130
Porter, Rodney 183
Proust, Joseph-Louis 62
partículas
    alfa 138
    beta 138
partículas elementares *ver partículas*
pasteurização 106
pechblenda, radioatividade 128-129
Pêndulo de Foucault, O 97
Perguntas de Fermi, As 203
períodos
    glaciais 87
    interglaciais 87
peso
    atômico 108
    equivalente 84
pesticidas, efeitos no meio-ambiente 186
phi (ϕ) 18
Philosofiae naturalis principia mathematica (Newton) 39
Philosophie zoologique (Lamarck) 69
pi (π) 15
pilha voltaica 59
Pitágoras 7
planetas 42
    distância do sol 52
    ordem dos 52
plantas
    C3 182
    C4 182
    com flores, classificação 38
    fotossíntese 53, 182
Plutão 52

plutônio 169
polos magnéticos 22
   e campos magnéticos 104
polônio 129
poluição ambiental 186
ponto
   de ebulição da água 48
   de fusão do gelo 48
   zero de energia 94
população, princípio da 61
pósitrons 151-152
postulado
   das paralelas 11-12
   dos Neutrinos de Pauli, O 156
   definição de 206
Postulados de Euclides, Os 11-12
Prêmio IgNobel 175, 198
Prêmio Nobel de Fisiologia e Medicina
   1904 Pavlov 131
   1930 Landsteiner 127
   1962 Crick, Watson e Wilkins 178
   1972 Edelman e Porter 183
Prêmio Nobel da Paz
   1962 Pauling 157
Prêmio Nobel de Economia
   1994 Nash 166
Prêmio Nobel de Física
   1901 Röntgen 124
   1903 os Curie e Becquerel 129
   1907 Michelson 135
   1911 Kamerlingh-Onnes 137
   1915 os Bragg 140
   1918 Planck 130
   1922 Niels Bohr 141
   1929 De Broglie 146
   1932 Heisenberg 150
   1933 Schrödinger 149
   1938 Fermi 203
   1945 Pauli 148
   1957 Lee e Yang 180
   1967 Bethe 168
   1968 Luis Alvarez 193
   1975 Aage Bohr 141
   1983 Chandresekhar 160
Prêmio Nobel de Química
   1908 Rutherford 138
   1909 Ostwald 122
   1911 Marie Curie 129
   1944 Hahn 167
   1951 McMillan e Seaborg 169
   1954 Pauling 157
   1961 Calvin 182
   1964 Hodgkin 179
   1995 Rowland e Molina 192
   1996 Curl, Kroto e Smalley 194
pressão
   área e força 31
   atmosférica 32
   e velocidade de líquido ou gás 47
   e volume de um gás 35
   exercida pelo ar 32
   parcial dos gases 63
Primavera silenciosa (Carson) 186
primeira lei
   da eletrólise 84
   da robótica 170
   da Termodinâmica, A 90
   de Kirchhoff 93
   do movimento 41
Principia (Newton) 39, 41
princípio científico 206
princípio
   da Catálise de Ostwald, O 122
   da incerteza 94, 147, 150
   da Incerteza de Heisenberg, O 94, 150
   da Interferência de Young, O 64
   da Relatividade Restrita, O 132
   de Arquimedes, O 13-14
   de Bernoulli, O 47
   de Exclusão de Pauli, O 148
   de Huygens, O 42
   de Le Châtelier, O 116
   de Peter, O 175
   do uniformitarismo 55, 77
   Malthusiano da População, O 61
   Uniformitário de Hutton, O 55
Princípios de geologia (Lyell) 77
probabilidade de um evento 33
produção de amônia 116
programação de computadores 83
projeto atômico 134, 167
propagação de ondas 42
proporção áurea 18
proporções definidas, lei das 62
proporções múltiplas, lei das 67
prótons 126, 188, 201
pseudociência 207

Q
quarks 188
quatro elementos (água, ar, fogo e terra) 10, 35
quatro humores (fluidos):

fleuma, sangue, bile e
bile negra 10

R
radiação
  de corpos negros,
    energia de 110
  definição de 128-129,
    138-139
  de Hawking 190
  eletromagnética 65, 123
radiatividade
  definição 128-129
  teoria da 138-139
rádio 129
raio
  de Hubble 155
  de Schwarzschild 161
raios
  catódicos 126
  gama 138
  Raios X de Röntgen,
    Os 123-124
  raios X 123-124
ralo ou bacia, efeito
  Coriolis 86
Ray, John 38
reações
  na presença de luz 53
  de combustão 57
  de fusão de
    hidrogênio 168
  nucleares, fissão
    nuclear 167
  que ocorrem na
    ausência de luz 53, 182
reações químicas
  combinando os
    volumes dos gases 68
  conservação da massa
    57
  papel do catalisador
    em 122
Redi, Francesco 36
Redi e a Teoria da
  Geração Espontânea
    37
reflexão do calor 93
Reflexões (Carnot) 73
reflexos condicionados 131
reflexos inatos 131
refração 26
regra de Fleming
  da mão direita para
    dínamos 120
  da mão esquerda para
    motores elétricos 120
  regra, definição 205
Regras de Fleming, As 120
reinados 45
Relógio Biológico, O
  43-44
resistência (eletricidade) 76
ressonância magnética
  por imagem (MRI) 137
retroalimentação
  (cibernética) 172
Reynolds, Osborne 111
Richter, Charles 163
Ritmos Circadianos
  43-44
robótica, leis da 170
Röntgen, Wilhelm 123-124
rotação da Terra, força
  imaginária agindo em
  certos ângulos 85-86
Rowland, F. Sherwood 192
Rumford, Conde 60
Rutherford, Ernest 138-
  139, 162, 169
rutherfórdio 169

S
sangue humano,
  classificação 127
Schrödinger, Erwin 149
Schuster, Arthur 151
Schwabe, Samuel
  Heinrich 91
Seaborg, Glenn 169
seabórgio 169
segregação independente,
  lei de 105
segregação, lei da
  (genética) 105
segunda lei
  da eletrólise 84
  da robótica 170
  da Termodinâmica,
    A 96
  de Kirchhoff 93
  do movimento 41
seleção natural de
  organismos 100-101
Sequência de Fibonacci,
  A 18
série
  convergente 8
  geométrica 61
  matemática 52, 61
séries aritméticas 61
Silver, Brian L. 158
símbolos
  matemáticos 37
  químicos 88
simplicidade das
  explicações 19
sistema
  definição 206
  de classificação de
    Lineu, O 45
  de Copérnico, O 20
sistema imunológico 183
Sistema Solar
  cercado por nuvem de
    cometas 176
  heliocêntrico 20, 29
sistemas
  de informática
    para controle de
    automação 172
  dinâmicos,
    comportamento de 187
  químicos, resistência
    a mudanças de

220

equilíbrio 116
Sceptical Chymist, The (Boyle) 35
Slack, C.R. 182
Smalley, Richard 194
Snell, Willebrord 26
sobrevivência dos mais aptos 100
Sócrates 10
sódio, linhas espectrais 102-103
solda de oxiacetileno 116
sólidos, estrutura molecular 46
som, no vácuo 32
"sopa primordial" 164
Sørenson, Søren Peter 136
Stapp, John Paul 175
Stefan, Josef 110
Stoneking, Mark 195
Strassmann, Fritz 167
suco gástrico, experiências com 82
"superátomo" 147
Supercondutividade, A 137
supercondutores 137
supernova 21
Systema naturae (Lineu) 45

T
tabela periódica 108-109, 148
taus 156
tectônica de placas, teoria da 143-144
telescópio 29
temperatura
 definição 60
 Zero Absoluto, O 94
 e volume de um gás 56
 do céu e do inferno 110
tempo
 afetado pelo movimento 132-133
 parece mais devagar perto de corpos enormes como a Terra 142
tempo e espaço, divisibilidade infinita de 8
teorema
 definição 11-12, 206
 da Incompletude de Gödel, O 159
 Teorema de Pitágoras, O 7
teoria
 atômica 9, 62, 67
 Atômica de Dalton, A 67
 Atômica de Demócrito, A 9
 calórica 60
 Cinética dos Gases, A 46
 da Antimatéria de Dirac, A 151-152
 da Depleção da Camada de Ozônio, A 192
 da Deriva Continental de Wegner, A 143-144
 da Evolução de Darwin, A 100-101
 da Ligação Química de Pauling, A 157
 da Polissíntese de Ingenhousz, A 53
 da Probabilidade, A 33
 da Produção da Energia em Estrelas, de Bethe, A 168
 da Radioatividade, A 138
 da radioatividade de Rutherford 138-139
 da Relatividade Geral, A 40, 142, 201
 da relatividade restrita (Einstein) 121, 132-133
 da Tectônica de Placas, A 143-144
 da Terra como Bola de Neve, A 200
 da Torrada em Queda, A 198
 das supercordas 202
 de Agassiz sobre as Eras do Gelo, A 87
 de Arrhenius da Dissociação Iônica, A 112
 de Brahe dos Céus Mutáveis, A 21
 de Carson da Poluição Ambiental, A 186
 de Galois, A 81
 de Hawking sobre os Buracos Negros, A 190
 de Horsfall sobre o Câncer, A 184
 de Hoyle da Origem dos Elementos, A 181
 de Kekulé de Compostos Orgânicos, A 107
 de Lamarck, A 69
 de Oersted do Eletromagnetismo, A 71
 de Oparin sobre a Origem da Vida, A 164
 de Rumford sobre o Calor, A 60
 de Tudo, A 201-202
 de Valência de Frankland, A 98
 de Whipple sobre os cometas, A 177
 do Asteroide como

Causa da Extinção
dos Dinossauros, A
193
do Big Bang, A 173
do câncer 184
do Caos, A 187
do Estado
  Estacionário, A 174
do flogístico 57
do Magnetismo de
  Gilbert, A 22
do Uniformitarismo
  de Lyell, A 77
dos Germes como
  Fonte de Doenças de
  Pasteur, A 106
dos Jogos, A 166
dos Reflexos
  Condicionados de
  Pavlov, A 131
Especial da
  Relatividade, A 121,
  132-133
Espectroscópica de
  Kirchhoff-Bunsen, A
  102-103
Gell-Mann dos
  Quarks, A 188
quântica 65, 130
  aplicações 130
  definição 205
Teoria da Terra (Hutton) 55
teorias da grande
  unificação 201
terceira lei
  da robótica 170
  da termodinâmica 96
  do movimento 41
termodinâmica 73
  primeira lei 90
  segunda lei 96
  terceira lei 96
termopares 116
Terra
  circunferência da 16

como ímã 22
como um
  superorganismo 191
esférica 16
idade da 77
origem da vida 164
processos geológicos
  uniformes 55, 77
rotação da 97
teoria da Bola de
  Neve 200
Terra como centro do
  universo 17, 21
Terremotos 144
  magnitude 163
Tesla, Nikola 117
teste
  da chama 102
  de Turing 165
Thompson, Benjamin 60
Thomson, Joseph John 126
Thomson, William 94
timina 178
tipos sanguíneos A, B e
  O 127
torrada, tendência a
  cair com o lado da
  manteiga para baixo
  198
trabalho e calor 60, 90, 92
trabalho mecânico,
  conversão em calor 60
traços dominantes (genes)
  105
traços recessivos (genes)
  105
tradição médica 10
Traité de la lumière
  (Huygens) 42
Traité élémentaire de
  Chimie (Lavoisier) 57
transfusão de sangue 127
transmissão de energia
  elétrica 117
Três Leis da Robótica de

Asimov, As 170
triângulo reto 7
trítio 162
Tubo de Venturi 47
tudo o que pode dar
  errado vai dar errado
  175
tudo, teoria de 201-202
turnos de trabalho
  variáveis 43
Turing, Alan 165

U
Último Teorema de
  Fermat, O 30
Under the Sea-Wind
  (Carson) 186
unidades astronômicas 52
universo
  em expansão 72, 173
  geocêntrico 17, 21
  heliocêntrico 20, 21, 24
  taxa atual de
    expansão 155
  teoria do Big Bang 173
  teoria do estado
    estacionário 174
Universo Geocêntrico de
  Ptolomeu, O 17
universo heliocêntrico 20,
  21, 24
urânio 128, 162, 167, 169
Urano 52
URLs (Uniform Resource
  Locators) 196

V
valência 98
velocidade da luz 95
  constância da 132
  e contração do
    comprimento de um
    objeto 121
  efeito no movimento
    da Terra 113

velocidade das galáxias em relação à distância como constante 155
velocidade de um objeto no ar, relação entre velocidade do som 153
velocidade do som 153
velocidade e pressão de gás ou líquido 47
vento solar 152
Venturi, G.B. 47
Via Láctea 176
vida e meio-ambiente como duas partes do mesmo sistema 191
vitamina B12, estrutura 179
volt 59
Volta, Alessandro 58, 59, 76
voltagens 76
volume
  e número de moléculas de um gás 70
  e pressão de um gás 35
  e temperatura de um gás 56
vulcões 144

W

Watson, James 178
web, conceito de 196
Wegener, Alfred 143-144
Westinghouse, George 117
Whipple, Fred Lawrence 177
Wiener, Norbert 172
Wilkins, Maurice 178
Wilmut, Ian 199
Wilson, Allan 195
Wolfe, Tom 153
World Wide Web, conceito de 196

Y

Yang, Chen Ning 180
Yeager, Chuck 153
Young, Thomas 64-65

Z

Zenão 8
Zero Absoluto, O 94
  comportamento de átomos e moléculas próximas ao 147
  e supercondutores 137
  impossibilidade de esfriar um objeto até o 96

Este livro foi composto com tipografia Minion Pro e impresso
em papel Pólen Bold 90 g/m² na Formato Artes Gráficas.